De la 5e à la 4e

12-13 ans

Chute mortelle au Mont-Saint-Michel

Yun Sun Limet
écrivain

Gilbert Gié

Illustré par
David Sala

Nathan

Présentation

→ **Je lis un récit historique entrecoupé d'exercices de :**
français, maths, histoire, sciences.

→ **Je résous des exercices**
qui permettent de reconstituer l'histoire.

→ **Je vérifie ma réponse :**
- elle est juste → j'accède à la suite de l'histoire ;
- elle est fausse → le corrigé me guide pour refaire l'exercice.

→ **Je consulte le mémo en fin d'ouvrage,**
il m'explique la notion abordée dans l'exercice.

→ **Je regarde la table des matières (p. 94-95)**
pour connaître tous les points du programme abordés dans les exercices.

→ **Je note les indices sur la page 93,**
ils prouvent que l'enquête avance et que l'histoire est bien comprise.

Édition : Marjorie Demaria
Maquette intérieure : Julie Lannes
Maquette de couverture : Team Créatif
Mise en page : Lasergraphie

1

Une chute mystérieuse

1 

Deux cavaliers, courbés sur leur monture, fendaient l'air froid de la lande. Leur galop faisait résonner la terre et le sable. Au loin, la mer grise qui avançait dans la baie allait bientôt encercler l'édifice se dressant à l'horizon. Il fallait se hâter. L'un des cavaliers était un homme de quarante ans, portant une barbe délicate ; l'autre, beaucoup plus jeune, n'était pas seul sur sa monture.

Il portait en croupe un adolescent du même âge, revêtu d'une bure de moine. Régulièrement, le plus âgé cravachait son cheval pour le faire galoper plus vite. Tous trois avaient le visage sombre. Il leur fallait rejoindre le plus rapidement possible le Mont-Saint-Michel, la fameuse Merveille qui s'élevait entre l'eau et le ciel et devant laquelle s'extasiaient les pèlerins à leur arrivée. Cent ans déjà, en cette fin de XIVe siècle, qu'elle avait été construite, sans qu'on se lassât de l'admirer. Et les cavaliers, malgré leur hâte, ne pouvaient s'empêcher de lui jeter des regards émerveillés.

Lorsqu'ils arrivèrent au pont-levis, le jeune moine descendit pour aller se présenter aux gardes qui effectuaient leur dernière ronde de l'après-midi. Car les alentours n'étaient pas sûrs. Il y avait les brigands de grand chemin mais, surtout, il y avait les Anglais. Bien qu'ils aient été défaits et boutés hors de la région, ils avaient récemment tenté de nouvelles incursions.

– C'est le messire de Vains, le médecin, ainsi que son fils, que je suis allé chercher pour frère Thomas.

– C'est bon, frère Luc, passez.

Une fois dans la place, le jeune moine conduisit les cavaliers et leurs deux chevaux vers une petite maison située en haut de la rue montant vers l'abbaye. Ils entrèrent précipitamment. Un homme les accueillit.

– Ah, enfin… Nous avions peur que vous n'arriviez pas avant la marée. Hélas, je crois que le cas de notre frère est désespéré.

N'y a-t-il donc plus rien à faire pour le malheureux frère Thomas ?

Pour connaître le sort de frère Thomas, tu dois trouver la bonne réponse.

Cette guerre interminable entre la France et l'Angleterre a duré de :

a. 1315 à 1415 **b.** 1337 à 1453

Si tu as répondu a. → Lis le n° 7.

Si tu as répondu b. → Lis le n° 4.

2

Bravo ! En effet, $x = \frac{35 \times 350}{50} = 245$ secondes.

La fameuse « règle de trois » n'a plus de secret pour toi ! Messire de Vains a donc mis 4 minutes et 5 secondes pour gravir l'escalier du Grand Degré.

→ Tu peux lire la suite au chapitre 2.

3

Tu t'es trompé(e). Parmi les ecclésiastiques (ceux qui se consacrent à l'Église par opposition aux laïques), le clergé régulier regroupe ceux qui sont soumis à la règle d'un ordre religieux (les moines), les autres formant le clergé séculier (les curés, les évêques...). Les moines bénédictins, comme frère Luc, observent la règle édictée par saint Benoît. Ils doivent respecter une alternance bien déterminée de prières, de travaux manuels et intellectuels, et de repos.

→ Maintenant, va au n° 6.

4

Près d'une haute cheminée où ronflait un bon feu, un moine était allongé. On l'avait visiblement installé à la hâte sur une couverture.

– Messire, voyez dans quel état il est, se lamenta encore le frère.

Le médecin s'approcha. Du sang coulait des oreilles du pauvre homme. Messire de Vains résuma :

– Vous avez donc retrouvé le malheureux sur le terre-plein, derrière cette maison, à la verticale de l'église abbatiale. Il a dû tomber depuis le parvis et faire une chute de vingt mètres, au moins. C'est un miracle qu'il soit encore en vie, il aurait dû mourir sur le coup.

L'homme de l'art prit dans sa sacoche quelques flacons. Il imbiba un tissu et en frotta le front et les tempes de l'accidenté. Il lui fit respirer également les élixirs. Pendant qu'il se livrait à toutes ces manipulations, le patient proférait des phrases incompréhensibles. Le fils du médecin, Guillaume, se tenait sans rien dire près de la fenêtre, à côté du novice*, frère Luc, qui semblait terrifié. Ils tendaient malgré tout l'oreille. L'agonisant parlait en latin :

– *Nunc hora mortis meæ… Nunc grandis lux… Nunc peccatus… Et digitus archangeli… Digitus archangeli…*

---

* Dans un monastère, un novice est une personne qui vient juste de prendre l'habit religieux et doit effectuer un temps d'épreuve avant de prononcer des vœux définitifs.

Messire de Vains, lui, écoutait surtout le cœur du pauvre blessé.

– Son battement est de plus en plus faible…

Guillaume attira son attention :

– Père, écoutez vous aussi ce qu'il dit…

– Bah ! est-ce bien nécessaire ? On lui a déjà administré l'extrême onction. Il divague. C'est tout à fait normal, après une chute pareille.

Soudain, l'agonisant s'agita. Dans un dernier effort, il souleva les épaules, puis retomba inanimé. Quelques secondes plus tard, il rendait son dernier souffle. Messire de Vains lui ferma les yeux. Tous dans la pièce firent le signe de croix. Le novice, à côté de Guillaume, se mit à pleurer doucement.

– Pauvre frère Thomas. Il ne méritait pas un tel sort… Je lui dois tellement…

Ces paroles suscitèrent la curiosité du fils du médecin.

– Tu étais proche de ce moine ?

Mais frère Luc était trop triste pour lui répondre. Il quitta la maison, et Guillaume le suivit dans la rue.

– Attends ! Ne pars pas comme ça !

Il le rattrapa au pied du large escalier menant à l'abbaye et au couvent. Frère Luc se retourna. Depuis qu'il était arrivé à l'abbaye du Mont-Saint-Michel, deux ans plus tôt, le novice se sentait bien seul. Toujours en compagnie d'adultes, il n'avait pas d'ami à qui se confier… et ce soir, le seul adulte qu'il aimait venait de mourir.

Le sourire plein de sympathie que lui fit Guillaume lui réchauffa le cœur.

– Si tu veux, tu peux m'accompagner jusqu'à l'entrée du couvent.

C'est ainsi qu'ils gravirent côte à côte les trois cent cinquante marches qui conduisent jusqu'aux bâtiments conventuels*. Après quelques instants de silence, frère Luc dit :

– Je ne crois pas que la chute de frère Thomas soit un accident…

– Quoi ? Tu penses que ?…

Qu'est-ce qui pousse frère Luc à croire qu'il s'agit d'un meurtre ?

Avant de le découvrir, réponds à la question suivante.
Pour se consacrer entièrement à Dieu, les moines se retirent dans les monastères.
Placés sous l'autorité d'un abbé, ils constituent le clergé :

a. régulier
b. séculier

Si tu as choisi a. → Lis le n° 6.
Si tu as choisi b. → Lis le n° 3.

* Qui appartiennent au couvent.

5 

Faux ! Pour compléter ce tableau de proportionnalité à quatre nombres, on utilise l'égalité des produits « en croix » en écrivant : $50 \times x = 35 \times 350$.

→ Tu peux maintenant retourner à l'exercice du n° 6 et trouver la bonne réponse.

6 

– Oui, je le connaissais bien, dit le novice. Pour tomber du parvis, il fallait vraiment le vouloir. Et frère Thomas, en plus d'être bon, était un homme très joyeux, pas du tout du genre à se jeter dans le vide. D'ailleurs, pourquoi l'aurait-il fait ?

– Mais alors, quelqu'un l'aurait poussé ?…

– Je ne sais pas, je ne comprends pas. Tout cela est pour moi un mystère.

Les deux garçons se turent un long moment. Puis Guillaume promit :

– Écoute, Luc, il faut absolument percer ce mystère. Si tu veux, je t'aiderai à y voir clair.

Ils étaient arrivés sur le parvis de l'église abbatiale. La vue était magnifique. À 360 degrés autour s'étendait la mer, ridée sous les bourrasques de vent, et dans la brume, au loin, vers le sud, se dessinait la roche de Tombelaine, pareille à un gros chat endormi. Toute cette eau déclinait des nuances de bleu et de gris, avec parfois des trouées de rose, là où de dangereux bancs de sable affleuraient. Le parapet de pierre était solide. Pour tomber, il aurait fallu que frère Thomas l'enjambât… Luc serra la main de son nouvel ami.

– À bientôt, Guillaume. Je retiens avec joie ta proposition. De mon côté, je vais réfléchir aux pistes possibles.

Il se dirigea alors vers la porte qui séparait le monde séculier du monde régulier des bénédictins. Resté seul sur le parvis, Guillaume était pensif. Soudain, une voix forte le tira de sa méditation. Il sursauta en voyant un homme de haute taille s'avancer vers lui.

C'était Jehan de Vains, son père…

– Guillaume, mais que fais-tu donc ici ? Je te cherche partout !

– Je raccompagnais le novice. Il est bien triste…

– La nuit va tomber. Nous resterons ici jusqu'à demain, j'ai pris une chambre à l'auberge. Suis-moi.

Guillaume dévala avec son père l'escalier dit du Grand Degré.

– Plus facile à descendre qu'à monter, ces maudites marches !

S'il part demain, comment Guillaume pourra-t-il aider Luc à éclaircir cette mort suspecte ?

Pour le savoir, tu dois d'abord résoudre ce problème de proportionnalité.

Le médecin a bien « tiré la langue » dans l'escalier de 350 marches du Grand Degré. Il l'a remonté à une vitesse constante sur l'ensemble du parcours : 50 marches toutes les 35 secondes.

Dans ce tableau de proportionnalité à quatre nombres, x correspond au nombre de secondes nécessaires au médecin pour gravir les 350 marches.

Déduis sa valeur :

35	x
50	350

a. x = 245 secondes   **b.** x = 315 secondes

Si tu as trouvé a. → Lis le n° 2.
Si tu as trouvé b. → Lis le n° 5.

mémo 17

7

Tu t'es trompé(e). La guerre de Cent Ans n'a pas duré cent ans ! Entrecoupée de trêves, elle a en fait duré plus d'un siècle (exactement 116 ans, de 1337 à 1453), et s'est terminée par la défaite des Anglais. Avec les famines et la peste noire de 1348, c'est l'un des trois fléaux qui ont frappé la France au XIVe siècle, l'époque où se passe notre histoire.

→ Maintenant, rends-toi au n° 4.

2

Une autre chute qui tombe bien

1 

Autant dire que la nuit fut mauvaise. Guillaume se réveilla en sursaut plusieurs fois, avec la vertigineuse sensation de tomber d'une falaise… Et les divagations du pauvre frère Thomas lui revenaient sans cesse à l'esprit. Son humeur était donc exécrable lorsqu'il rejoignit son père dans la salle de l'auberge où les hôtes, des pèlerins pour la plupart, finissaient leur déjeuner du matin. C'est à peine s'il émit une sorte de grognement en forme de bonjour. Jehan de Vains, lui, était en pleine forme.

– Ah ! ah ! ce n'est pas un fils que j'ai, mais un porc-épic… ne trouvez-vous pas, damoiselle ? dit-il en s'adressant à la jeune fille qui servait le repas.

Un peu gênée, elle ne répondit rien et retourna en cuisine.

– Je vais seller les chevaux. Dans une demi-heure, nous partons, Guillaume, continua le médecin.

Il quitta la salle de l'auberge, laissant le jeune homme à sa mauvaise humeur et à son œuf brouillé, lequel fut rapidement englouti avec une tranche de pain bis large comme une main. Ce qui, plus encore que sa nuit courte et agitée, contrariait Guillaume, c'était de repartir le matin même. Pour élucider le mystère de la chute du frère Thomas et aider Luc, il lui fallait trouver un moyen de rester au Mont-Saint-Michel. Absorbé dans ses pensées alors qu'il se dirigeait vers la sortie, il ne vit pas qu'un obstacle lui barrait le chemin…

Mais quel est donc cet obstacle ?

Pour le savoir, tu dois d'abord répondre à cette question.
Dans la dernière phrase du paragraphe que tu viens de lire, le passage en bleu est une proposition subordonnée conjonctive.

Il s'agit plus précisément :

a. d'une proposition subordonnée complétive ayant une fonction de COD

b. d'une proposition subordonnée circonstancielle de cause

Si tu as choisi a. → Lis le n° 3.
Si tu as choisi b. → Lis le n° 4.

mémo 8 mémo 9

2

Le rêveur en question regarda la jolie Mahaut et trouva en effet le spectacle plutôt agréable. À ce moment, la cloche de l'église sonna la messe du matin. Elle rappela à Guillaume la véritable raison de son séjour prolongé au Mont. Il se précipita au-dehors et courut jusqu'au Grand Degré. L'aubergiste en fut si surpris qu'il mit un temps à sortir sur le pas de son hostellerie*. Et, tout en triturant ses pièces dans la poche de son tablier, il bougonna :

– En effet, ce n'est pas une affaire…

Tout essoufflé d'avoir gravi les marches en un temps record, Guillaume sentait encore son cœur battre à tout rompre lorsqu'il entra dans l'église. Des pèlerins étaient agenouillés dans le fond, et les moines assis chacun dans leur stalle formaient un arc de cercle autour du chœur. Une voix s'élevait. Il essaya de reconnaître Luc parmi les religieux. Ce ne fut pas difficile : n'étant que novice, il était assis à part, sur une simple chaise. Durant tout l'office, Guillaume se demanda comment il pourrait faire pour attirer l'attention de son nouvel ami avant qu'il ne reparte avec ses condisciples vers le cloître. La messe touchait à sa fin et il n'avait toujours pas trouvé. Soudain, une idée lui traversa l'esprit.

L'abbé prononça les derniers mots de l'office auxquels l'assemblée doit répondre en latin : « *Et cum spirito tuo.* » Mais, au lieu de ces paroles, Guillaume dit le plus distinctement possible : « *Et digitus archangeli.* »

* Hôtellerie en ancien français.

Pourquoi Guillaume a-t-il utilisé ce subterfuge ?

Pour connaître la suite, résous l'énigme suivante.

« *Digitus archangeli* » sont les dernières paroles prononcées par frère Thomas avant de mourir.

Choisis la traduction qui te semble la plus pertinente :

a. l'archange Digitus **b.** le doigt de l'archange

Recopie ta réponse :

C'est ton PREMIER INDICE. Note-le sur ta page-indices, p. 93, **puis → va vite lire la fin du chapitre au n° 5.**

3

Guillaume ne vit pas non plus que cet obstacle avait la forme d'une fille portant une cruche d'hydromel*, ainsi qu'un plat recouvert de crêpes et un pot de fromage frais. Le tout fit un grand fracas en s'écrasant sur le sol. Alerté par le bruit, l'aubergiste accourut. Il était rouge de colère.

– Mahaut ! Mahaut ! Ma pauvre fille, comment peut-on être aussi empotée ! Sais-tu ce que coûte cette vaisselle cassée et ce qu'elle contenait ?

– C'est ma faute, monsieur, ne la grondez pas. C'est moi qui l'ai bousculée sans le faire exprès, expliqua aussitôt Guillaume.

---

* Boisson à base d'eau et de miel.

– Peu importe ! C'est quand même fort dommage pour un modeste aubergiste comme moi… Je n'ai jamais trouvé d'écus sous le pied d'un cheval…

– Si vous voulez, je peux vous rembourser…

– Me rembourser… cela risque de vous coûter cher, petit freluquet !

L'aubergiste ne décolérait pas. Pendant qu'il aidait maladroitement Mahaut à ramasser les débris de terre cuite, Guillaume, malgré les cris de l'aubergiste, eut soudain un large sourire. Il se dit que cet incident tombait à point. Il allait proposer ses services en cuisine pour rembourser les dégâts, ce qui lui permettrait de séjourner plus longtemps au pied de l'abbaye. Sur les entrefaites, messire de Vains était revenu. On lui expliqua, il fit mine d'être fâché mais porta aussitôt la main à sa bourse.

– Combien la maladresse de mon fils va-t-elle me coûter, aubergiste ?

– Vingt sols*.

– Diable ! C'est bien cher payé pour quelques récipients de terre et un peu de fromage… Non, je vous laisse cinq sols et on n'en parle plus.

L'aubergiste ne voulut rien entendre et le ton commença à monter. C'est alors que Guillaume intervint.

– Je veux bien travailler en cuisine le temps qu'il faudra pour rembourser, en plus des cinq sols !

L'enthousiasme avec lequel Guillaume s'exprima mit

* Sou ; le terme *sol* a été utilisé jusqu'au XVIIIe siècle.

la puce à l'oreille du médecin.

– Allons bon, voilà que Guillaume s'intéresse à la vaisselle à présent… Je vais faire semblant de le croire…

Pensant sans doute que le jeune homme avait l'intention de rester plus longtemps en compagnie de la fille de l'aubergiste qui était – il est vrai – tout à fait charmante, messire de Vains fit un clin d'œil à Guillaume. Le jeune homme, qui ne comprenait pas, regarda son père d'un air un peu ahuri.

– Une semaine ! Pas un jour de plus, conclut le médecin. Mais je dois vous prévenir, fit-il à l'intention du tenancier, ce n'est pas une affaire… il est lent, rêveur et peu habile de ses dix doigts…

Guillaume saura-t-il se débrouiller dans son emploi inattendu d'aide de cuisine ?

Résous cet exercice pour le savoir.

En travaillant une semaine à l'auberge, Guillaume va rembourser une partie du coût des dégâts dont il est responsable. L'aubergiste réclame 20 sols, le médecin rembourse 5 sols.

La contribution de Guillaume représente une fraction du coût total égale à :

a. $\frac{4}{5}$ **b.** $\frac{3}{4}$

Si tu as trouvé a. → Lis le n° 6.
Si tu as trouvé b. → Lis le n° 2.

mémo 15 mémo 16

4 

Tu t'es trompé(e). Introduite par la conjonction de subordination *que*, c'est une subordonnée complétive qui a une fonction de COD. Les subordonnées circonstancielles de cause sont introduites par des conjonctions telles que : *parce que, étant donné que, comme...* → Va au n° 3.

5 

Tous les visages encapuchonnés se tournèrent vers Guillaume avec des mines incrédules et sévères, à l'exception de Luc qui le reconnut et lui sourit. Puis, s'étant levés, les moines sortirent du chœur en file indienne. En sa qualité de novice, Luc venait le dernier. Il ralentit le pas autant que possible et, arrivé au seuil de la porte conduisant aux bâtiments conventuels, fit du sur-place. Guillaume le rejoignit.

– Je peux rester un peu au Mont. Je vais t'aider à élucider la mort de frère Thomas.

– Viens me retrouver au potager à partir de deux heures de l'après-midi, ce sont mes heures de travail manuel. On pourra parler tranquillement.

– Mais où se trouve le potager ?

À ce moment, une voix se fit entendre.

– Alors, Luc, que faites-vous encore dans l'église ? Il est temps d'aller au scriptorium* faire vos heures d'étude.

---

* (mot latin) : dans un monastère, salle où les moines copiaient les manuscrits.

Le jeune garçon se sauva sans répondre. Guillaume eut juste le temps d'apercevoir un passage qui menait vers une autre porte. Au bout du passage, une belle rangée de colonnes de pierre se détachait sur un jardin décoré de boules de buis taillé et de massifs aux feuillages argentés. Puis la lourde porte de chêne se referma et le bruit qu'elle fit résonna longtemps dans l'église désormais déserte.

→ Va au chapitre 3.

•

6 

Faux ! Le père de Guillaume a déjà versé 5 sols à l'aubergiste qui lui en réclamait 20, ce qui correspond à la fraction $\frac{1}{4}$. Calcule $\frac{1}{4} + x = \frac{4}{4}$ (x représentant le travail de Guillaume).

→ Tu peux maintenant refaire l'exercice du n° 3.

Conversation dans un potager

1 

De retour à l'auberge, Guillaume retrouva Mahaut. Un sourire ironique fendait son visage parsemé de taches de rousseur. Cette expression étonna le jeune homme car Mahaut lui avait paru jusque-là plutôt timide et réservée. Les filles sont des êtres bizarres.

– Bonjour, gente damoiselle.

– Bonjour, messire. Regardez ce qui vous attend…

D'un geste théâtral, elle tendit la main vers une large cuve en bois remplie d'assiettes, de cruches et de gobelets. Une marmite d'eau chaude fumait dans la cheminée.

– C'est à vous, maître !

Laissant Guillaume se débrouiller pour verser l'eau dans la cuve et trouver une brosse, la jeune fille éplucha des pommes qu'elle coupa ensuite avant de les jeter dans une casserole en cuivre. Ils travaillèrent ainsi côte à côte un quart d'heure, sans échanger un mot. Guillaume se dit qu'elle savait peut-être où se trouvait le potager des bénédictins. Prenant son courage à deux mains et toussant pour se donner meilleure contenance, il se lança.

– Vous qui vivez ici, vous devez savoir où se trouve le potager de l'abbaye.

– Oui.

– Mais…

– Vous voulez que je vous le dise ?

– En quelque sorte, oui.

– En ce cas, promettez-moi de répondre ensuite aux questions que je vous poserai.

Diable, la personne avait de la suite dans les idées ! Qu'allait-elle lui demander qui pourrait l'embarrasser ? Il hésita :

– Bon, c'est d'accord.

– Le potager se trouve au sud du réfectoire, sur le terrain qui surplombe le chemin de ronde. À mon tour à présent de vous interroger. De quoi est réellement mort frère Thomas ?

Guillaume regarda Mahaut en ouvrant de grands yeux étonnés. Sa mimique devait être assez drôle car la jeune fille partit d'un fort éclat de rire.

– Vous devriez vous voir, vous avez l'air d'un gardon qu'on vient de sortir de l'eau !

Et, en plus, elle se moquait. C'était le comble.

– Si vous voulez vraiment que je vous réponde, il faut cesser de rire.

Guillaume était vexé. Mahaut le sentit et redevint sérieuse.

– Tout le monde dans le bourg est au courant de l'accident survenu au moine, et tout le monde trouve cette mort suspecte. Vous avez assisté à son agonie avec votre père médecin. Vous devez donc en savoir davantage que tous ceux qui jasent ici.

Guillaume avoua son ignorance. Il lui raconta le coup fatal à la tête, les saignements. Frère Thomas était bien tombé du haut du parvis. Mais sur les causes de sa chute, impossible de se faire une idée exacte. Il hésita à lui parler des mots prononcés dans son délire par le mourant. Mais il l'informa de son rendez-vous avec le novice, dans le potager, justement.

Entre-temps, la marmite s'était remplie de pommes et une armée d'assiettes, de cruches et de gobelets avait été rangée à même l'herbe du petit jardin sur lequel ouvrait la cuisine. Le calme dans lequel travaillaient Guillaume et Mahaut fut soudain interrompu. Une porte claqua et du sang se mit à couler sur le sol.

Mais que s'est-il donc passé ?

Tu en sauras plus après avoir fait ce calcul.
La marmite pleine de pommes a la forme d'un cylindre de rayon $r = 15$ cm et de hauteur $h = 40$ cm.
Le volume de la marmite est d'environ :

a. $9\,000 \times \pi$ cm^3

b. $1\,200 \times \pi$ cm^3

Si tu as trouvé a. → Lis le n° 7.
Si tu as trouvé b. → Lis le n° 5.
mémo 20 mémo 22

2 

Tu t'es trompé(e). Les adjectifs de couleur sont invariables lorsqu'ils proviennent d'un nom : *des cheveux marron, des yeux noisette, des barbes poivre et sel…*

N'oublie pas cependant que pour : *écarlate, fauve, incarnat, mauve, pourpre* et *rose*, cette règle d'invariabilité ne s'applique pas… : *des joues roses*.

→ Maintenant, tu peux aller au n° 4.

3 

– Frère Thomas avait-il des ennemis ? ajouta Guillaume.

– Non, je ne crois pas, répondit Luc. Je m'en veux. Il courait sûrement un danger et je n'ai rien vu. C'était l'homme le plus sympathique du monastère. Il n'aurait pas fait de mal à une mouche. Très savant, il était toujours à l'affût de connaissances nouvelles. Au potager, il aimait regarder le développement des plantes, mais c'était surtout aux étoiles qu'il s'intéressait. « La nature est tellement extraordinaire !... », s'exclamait-il en regardant les nuages ou un oiseau qui passait par là. Et, souvent, il ajoutait plus bas : « ... et ce n'est pas un péché que de vouloir la comprendre... »

– Tu n'as donc pas d'idée sur les personnes qui pouvaient vouloir sa disparition ? reprit Mahaut.

– Il était issu d'une riche famille de Bretagne, peut-être y avait-il des histoires de rivalité, d'héritage, hasarda Luc.

Les trois jeunes gens se turent un instant, chacun retournant la situation en tous sens afin d'essayer de comprendre. C'est Luc qui rompit le silence.

– *Digitus archangeli*, ces mots que frère Thomas a prononcés avant de mourir, vous savez que ça veut dire « le doigt de l'archange » ? L'archange, c'est bien sûr saint Michel, qui a percé de son doigt le crâne d'Aubert, le fondateur de notre abbaye...

– Oui, et alors ?

– Alors... rien..., laissa tomber frère Luc dans un soupir.

Il reprit son travail. Et il fit bien car, à cet instant, un moine fit irruption dans le potager. L'homme regarda les deux intrus qui se levèrent aussitôt. Mahaut ramassa en vitesse quelques choux qui avaient été coupés et les plaça dans un panier.

– Merci beaucoup frère Luc, je reviendrai plus tard

pour les citrouilles !

Sans demander leur reste, ils filèrent par un petit escalier de pierre qui conduisait à la rue. Ils entendirent Luc répondre à son aîné :

– Non, non, frère Nicolas, c'est la fille de l'auberge du Pont-levis et leur nouveau cuistot…

C'était donc le fameux émissaire du pape qui les avait interrompus. Si les jeunes gens avaient osé se retourner, ils l'auraient vu : encore assez jeune, il avait un air intelligent et aurait semblé sympathique si son regard n'avait pas révélé une certaine froideur, une dureté inhabituelle.

→ Lis la suite au chapitre 4.

4 

– Bonjour !

– Bonjour Mahaut !

La fille de l'aubergiste et le novice se serrèrent chaleureusement la main, sous le regard incrédule de Guillaume.

– Mais… vous vous connaissez ?

– Évidemment ! Où crois-tu que l'on achète les légumes pour les hôtes ? C'est frère Luc qui nous fournit.

– Ah, d'accord… J'ai toujours une charrette de retard…

Guillaume et Mahaut s'assirent sur un banc devant les arbres en espalier tandis que Luc continuait d'épandre le fumier. Mahaut l'interrogea la première.

– Comment réagissent les bénédictins là-haut ?

– Comme d'habitude, avec beaucoup de paroles rassurantes. Le père abbé a fait un petit discours ce matin à prime* en annonçant officiellement le décès de frère Thomas : « Rappelé par Dieu. Tenons notre lampe allumée car nul ne sait ni l'heure ni le jour, prions pour la paix de son âme, etc. » Bien entendu, aucun frère n'a osé faire de commentaire, même si on doit jaser dans les cellules… L'enterrement aura lieu demain.

– Jaser dans les cellules ? Que veux-tu dire ?

Luc s'appuya un instant sur le manche de sa fourche et jeta un regard circulaire au jardin, puis en l'air, vers le bâtiment en surplomb percé d'ouvertures. Et, parlant plus bas :

– Le frère Nicolas, celui que le pape a envoyé ici il y a un an… Cet homme-là, il y en a plus d'un à l'abbaye qui ne lui font guère confiance…

– Pourquoi donc ?

– C'est un des nombreux émissaires mandatés par le Vatican pour surveiller les différentes abbayes de la chrétienté. Il paraît que dans certains monastères les mœurs des moines laissent parfois à désirer, surtout lorsqu'ils vivent dans des endroits isolés et sans contact avec le monde civil. Peut-être enquête-t-il pour l'Inquisition…

* Première des sept heures du jour où l'on doit réciter l'office divin, célébrée à six heures du matin.

Guillaume avait entendu parler de l'Inquisition et avait remarqué qu'on ne prononçait le mot qu'avec une vague crainte. Mahaut soupira :

– Mais quel rapport avec frère Thomas ? Qui aurait pu vouloir sa mort ?

Les trois amis vont-ils enfin trouver le début d'une piste sérieuse ?

Pour le savoir, lis d'abord ce qui suit.
L'Inquisition était un tribunal de l'Église chargé de représenter l'autorité du pape. En activité dès le début du XIIIe siècle dans les pays catholiques, elle condamnait les personnes qui, selon elle, ne respectaient pas suffisamment la religion. Ces dernières étaient accusées d'hérésie, c'est-à-dire qu'on leur reprochait d'être des traîtres, des opposants à la religion officielle.

D'après toi, ce tribunal :
a. ne réprimait que les personnes soupçonnées d'hérésie dans leur foi, de sorcellerie ou de mauvaises mœurs.
b. s'attaquait aussi aux savants, et en particulier aux astronomes, dont les travaux remettaient en cause certains dogmes de l'Église.

Si tu penses que c'est a. → Lis le n° 6.
Si tu penses que c'est b. → Lis le n° 3.

5 

Ce n'est pas correct. Tu as sans doute confondu le calcul de l'aire de la base (un disque) : $B = \pi r^2$ avec celui du périmètre de la base : $P = 2\,\pi r$.

La formule du volume du cylindre est $V = B \times h$, où B est l'aire de la base et h la hauteur du cylindre (40 cm).

$B = \pi r^2 = \pi \times 15 \times 15 = \pi \times 225$ cm².

→ Recommence l'exercice du n° **1**.

6 

C'est faux. L'Inquisition pourchassait toutes les formes d'hérésie, mêmes celles qui n'en étaient pas réellement. Certaines personnes très pieuses furent condamnées, simplement parce qu'elles affirmaient quelque chose qui contredisait les dires de l'Église. Épisode célèbre, le pauvre astronome italien Galilée, qui proclama que la Terre tournait autour du Soleil, dut se rétracter devant l'Inquisition en 1633. En effet, l'Église soutenait à l'époque que la Terre était au centre de l'Univers ; elle ne pouvait donc pas tourner autour du Soleil.

→ Tu peux maintenant aller au n° **3**.

7 

Le père de Mahaut entra et déposa sur le billot une grande cuisse de mouton.

– Bon, mes tourtereaux. Vous avez vu ce qu'on va servir aux clients ce midi ? Allez, au boulot ! Et que ça saute !

Guillaume se rendit compte qu'il ne serait pas au potager à l'heure dite. Ce n'est pas qu'il avait chômé. Peut-être même n'avait-il jamais autant travaillé de sa vie. Mais une fois les dernières tables débarrassées, une montagne de vaisselle l'attendait encore. Il fit au plus vite. L'horloge de l'église sonna la demie après deux heures. Il se précipita dans la rue, se séchant les mains sur son pourpoint* tout en courant. Pour rejoindre le chemin de ronde vers le sud, il poursuivit la rue principale, dépassant le Grand Degré. À cet endroit, la rue contournait la pointe du rocher sur lequel était construite l'abbaye. Depuis un certain temps, Guillaume avait le sentiment d'être suivi mais, voulant être au plus vite à son rendez-vous, il n'avait pas pris la peine de se retourner. Entendant distinctement des pas derrière lui, il se décida à faire volte-face et se retrouva nez à nez avec… Mahaut !

– Tu ne croyais tout de même pas que j'allais te laisser partir tout seul !

Voilà que maintenant elle le tutoyait ! Cette fille commençait à l'agacer sérieusement. Mais elle habitait le bourg et Guillaume se dit que, malgré tout, elle pourrait lui apporter de précieuses informations. Ils firent donc le reste du chemin ensemble.

Le potager était étroit, tout en longueur. L'automne donnait de vives couleurs aux poiriers et pommiers palissés** contre l'un des murs. Des citrouilles ponctuaient

---

*Sorte de gilet descendant au-dessous de la ceinture que portaient les hommes jusqu'au XVIIe siècle.

**Dont les branches sont attachées contre le mur.

d'orange une allée, des choux verts frisottaient sur celle d'à côté. Luc mettait du fumier sur un grand carré de terre retournée. Ayant quitté sa bure, il travaillait en simple chemise de lin et avait désormais l'air d'un adolescent comme un autre. Il semblait avoir chaud malgré le petit vent frais qui fit frissonner Guillaume.

Comment frère Luc va-t-il réagir en découvrant la présence imprévue de Mahaut ?

Tu ne l'apprendras qu'après avoir entouré la proposition dans laquelle l'adjectif de couleur est accordé correctement.

a. des citrouilles orange.

b. des citrouilles oranges.

Si tu as entouré a. → Lis le n° 4.

Si tu as entouré b. → Lis le n° 2.

mémo 4

4

Un jour de pluie

1

Guillaume venait de souffler la bougie qui éclairait le petit réduit sous les toits où Thibault, l'aubergiste, le logeait. Depuis son lit, il pouvait voir par la lucarne un croissant de lune et, au loin, un rectangle sombre : la mer, s'agitant dans le grand silence de la nuit. Avec l'obscurité, tout change, tout devient insaisissable. Guillaume imaginait la masse noire du Mont-Saint-Michel, environné d'eau, solitaire et énigmatique, dans laquelle il se trouvait, petite fourmi parmi d'autres. L'une d'entre elles avait fait une chute mortelle. Pourquoi ? Et pourquoi le Ciel, pourquoi la Terre ? De grandes marées étaient annoncées, et personne ne savait pourquoi les vagues avançaient et se retiraient, loin, laissant un estran* de plusieurs lieues. Malgré la fatigue, Guillaume remuait toutes ces pensées.

* Portion du littoral que la mer couvre et découvre tour à tour.

Demain aurait lieu l'enterrement de frère Thomas. En apprendrait-il davantage ?

La pluie avait commencé à tomber très tôt le matin. Luc, de son côté, avait mal dormi. Et aux matines*, il s'était rendormi. Il avançait comme un somnambule entre l'église, le réfectoire et sa cellule. Dans ce sommeil éveillé qui lui permettait malgré tout de marcher, de s'asseoir ou de se lever – se lever tous les jours à trois heures et demie du matin, à quinze ans, c'est dur ! –, il essayait de se rappeler les jours qui avaient précédé le décès de frère Thomas.

– Frère Luc ! Nous attendons !

Qui vient de sortir Luc de sa nostalgie du bon et savant frère Thomas ?

Pour le savoir, réponds d'abord à cette question sur l'explication des marées.
La marée, qui est le mouvement ascendant puis descendant de la mer, est causée par :

a. les forces d'attraction exercées par la Lune et le Soleil sur l'eau de la Terre ;
b. la fonte des glaciers qui augmente la quantité d'eau dans la mer.

Si tu as choisi a. → Lis le n° 5.
Si tu as choisi b. → Lis le n° 6.

* Office de nuit célébré entre minuit et le lever du jour.

2

Tu t'es trompé(e). *Appentis* et *apprenti* sont des paronymes, c'est-à-dire des mots dont l'orthographe et la prononciation se ressemblent beaucoup mais qui ont des sens différents (*mocassin / marcassin* ; *événement / avènement*...). Des antonymes ont des sens opposés (*beau / laid* ; *monter / descendre*).

→ Va au n° 7.

3

Les deux garçons furent stupéfaits par la hardiesse de la proposition. Mais, ne voulant pas passer pour des poltrons, ils dirent en chœur :

– Oui, évidemment !

Ils se suivirent sous l'averse, Luc et Mahaut relevant leurs vêtements… et Guillaume s'éclaboussant abondamment les hauts-de-chausses*. L'étage des cellules était situé au niveau inférieur au cloître. C'était la première fois qu'une fille pénétrait dans les lieux et Luc n'en menait pas large… Aucun des trois ne fanfaronnait, d'ailleurs, l'un ou l'autre sursautant à chaque détour de couloir, à chaque débouché d'escalier. Il fallait compter sur l'appétit de ces bénédictins qu'une vie austère n'avait pas habitués aux joies de la table.

* Culotte, partie du vêtement masculin allant de la ceinture aux genoux.

– Si c'est de la brioche de chez la mère Briard, on est tranquilles, tenta de plaisanter Mahaut pour se rassurer.

Dans le sombre couloir où ils arrivèrent enfin, des portes se succédaient. On aurait pu se croire dans une prison. Luc mena rapidement ses amis devant la porte du moine auquel on venait de rendre un dernier hommage. Mais elle ne s'ouvrit pas. Quelqu'un l'avait fermée à clé.

→ Découvre la suite au chapitre n° 5.

4 

Tu t'es sûrement trompé(e) de numéro… Un peu d'aide :

On pose l'équation : $8 + 2x + 2(x + 12) = 52$.

On développe : $8 + 2x + 2x + 24 = 52$.

On regroupe les termes : $4x + 32 = 52$

$4x = 52 - 32 = 20$

$x = \frac{20}{4} = 5$

On remplace x par 5 dans le plan.

$8 + 2 \times 5 = 18$

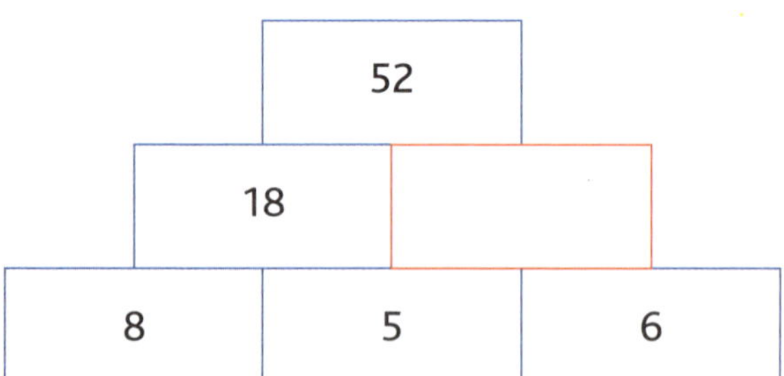

→ Refais l'exercice du n° 7.

5

La voix n'était pas aimable comme l'était celle de Thomas. Le père abbé avait tonné dans la salle de lecture.

– Nous attendons votre commentaire !

Luc sursauta comme s'il sortait d'un rêve. La dure réalité était là. Tous les moines le regardaient reprendre ses esprits. Il eut beaucoup de mal à réciter ce qu'il avait préparé la veille, pendant ses heures d'étude. En conclusion, il eut envie d'ajouter un petit mot personnel.

– J'aimerais, pour finir, avoir une pensée pour notre frère que nous allons enterrer ce jour, lui qui connaissait si bien les saintes Écritures et tâchait aussi de déchiffrer l'écriture de la nature telle que la fit Dieu.

Un silence un peu gêné suivit. Un des moines intervint.

– Votre remarque finale honore votre sens de l'amitié, frère Luc. Mais abstenez-vous de faire de l'esprit. Le seul esprit autorisé en ces lieux, c'est le Saint et unique Esprit de notre Seigneur. Et il sera bien temps de prier pour l'âme de notre frère tout à l'heure, pendant la messe qui va lui être dédiée. Me suis-je bien fait comprendre ?

Celui qui venait de parler n'était autre que frère Nicolas, l'envoyé du Vatican, dont la remarque cachait mal une certaine indifférence envers ce moine que toute la communauté des bénédictins aimait. Était-ce seulement de l'indifférence ?

La pluie n'avait pas cessé de tomber. D'abord drue, elle s'était faite fine et glaçante. Les trois jeunes gens, qui s'étaient à nouveau donné rendez-vous au potager, durent se réfugier dans l'appentis à outils. Luc fit part de ses soupçons naissants portant sur frère Nicolas.

Sur quoi le conciliabule dans l'appentis va-t-il déboucher ?

Pour le découvrir, réponds à la question.

Les mots *appentis* (avec un *s*) : abri qui s'appuie à un mur, et *apprenti(e)* : celui ou celle qui apprend un métier, sont :

a. des antonymes

b. des paronymes

Si tu as choisi a. → Lis le n° 2.

Si tu as choisi b. → Lis le n° 7.

mémo 10 mémo 11

6

Faux. Quand le Soleil et la Lune sont situés sur le même axe, leurs attractions se combinent et le mouvement de marée est encore plus fort : ce sont les grandes marées. Dans la baie du Mont-Saint-Michel qui s'étend sur 250 km^2, l'amplitude des grandes marées peut atteindre 15 mètres, dépassée par seulement quatre baies dans le monde !

→ Refais l'exercice du n° 5.

7

– Ces derniers temps, commença frère Luc, frère Thomas était particulièrement occupé par ses études. Je crois qu'il passait beaucoup de temps à réfléchir et à écrire dans sa cellule. D'ailleurs, je m'étais gentiment plaint qu'il ne consacrait plus beaucoup de temps à m'enseigner la géométrie. Je me demande si frère Nicolas n'a pas été envoyé expressément pour le surveiller, lui.

– Mais qu'aurait-il fait de mal ?

– Qu'aurait-il pensé de mal ? tu veux dire… Ses études ne plaisaient peut-être pas en haut lieu…

Mahaut interrompit ses deux camarades.

– Chut… Écoutez… des gens approchent.

En effet, cachés dans la petite remise, ils entendirent des voix au-dehors.

– Où est encore passé ce novice ?

– Bah, ce sera tant pis pour lui, il ne sait même pas que le père abbé a prévu une collation au réfectoire !

– Et ce sera plus de gâteau pour nous ! Rentrons vite, la pluie redouble d'intensité !

Les pas s'éloignèrent et tous poussèrent un soupir de soulagement.

– C'est le moment ou jamais ! s'exclama alors Mahaut.

– De quoi faire ?

– D'aller fouiller la cellule de frère Thomas, pardi !

L'idée audacieuse de Mahaut ne va-t-elle pas effrayer ses compagnons ?

Pour le savoir, trouve le numéro de la cellule de frère Thomas.

Dans le plan ci-dessous, cette cellule est en rouge.

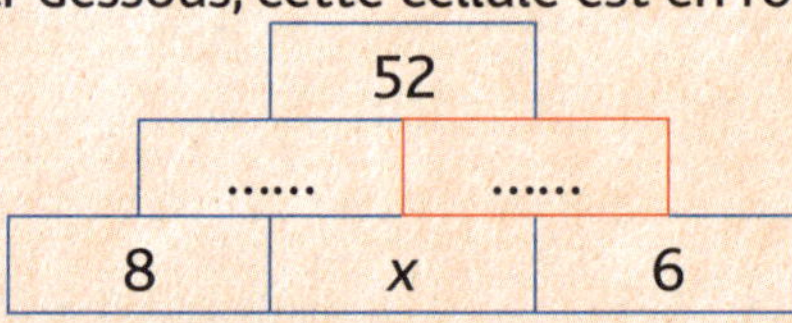

Les numéros des cellules de ce monastère respectent tous la règle ci-contre :

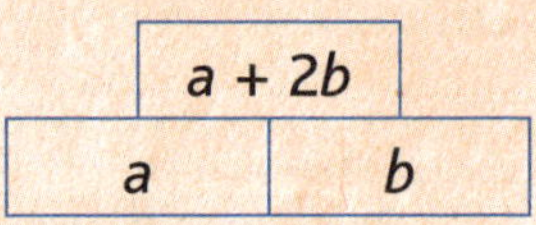

Si a et b sont les numéros de deux cellules côte à côte, le numéro de la cellule du dessus sera égal à : $a + 2b$.

En respectant cette règle, trouve les formules des deux numéros de cellules manquants puis détermine x pour que l'on ait 52 dans la cellule du haut. Il te suffit maintenant de remplacer x par la valeur obtenue pour trouver le numéro de la cellule de frère Thomas.

Le numéro de la cellule de frère Thomas est :

a. le 17 **b.** le 21

Si tu as trouvé a. → Lis le n° 3.

Si tu as trouvé b. → Lis le n° 4.

mémo 13 mémo 16

Jeux de cache-cache

1 

– Mince alors ! Qui a pu fermer la porte ? s'exclama frère Luc.

Les trois jeunes gens se regardèrent, et devinèrent, plus qu'ils ne virent, leurs mines dépitées dans l'ombre du couloir. Guillaume tenta une nouvelle fois d'actionner la poignée de fer ovale. Sans succès. Il fallait se rendre à l'évidence : ils ne pourraient pas entrer dans la cellule, du moins pas cette fois-ci. Et avec la collation des moines qui allait bientôt s'achever, il devenait dangereux de rester dans les parages. Ils remontèrent vers le cloître et son carré de verdure encore détrempé par la pluie. Mais à peine avaient-ils fait un pas dans la galerie aux colonnes de pierre, qu'ils s'arrêtèrent tout net, retenant leur souffle. À l'angle opposé, en effet, les bénédictins commençaient à sortir du réfectoire. Guillaume et

Mahaut s'entassèrent aussitôt dans l'épaisseur du mur, les colonnes des galeries étant bien trop fines pour cacher qui que ce fût… Luc fit prestement demi-tour pour rejoindre sa cellule. Fort heureusement, tels les moutons qui broutent les prés-salés de bord de mer, les moines suivirent tous le même chemin pour se rendre les uns au potager, d'autres au scriptorium, d'autres encore à la cuisine. Une fois le danger éloigné, Mahaut et Guillaume se faufilèrent discrètement hors du cloître et rejoignirent par l'église déserte la grande terrasse ouest.

Mahaut et Guillaume vont-ils persévérer dans cette entreprise si risquée ?

Pour connaître la suite, tu dois répondre à cette question.

L'eau de mer est un mélange :

a. homogène

b. hétérogène

Si tu as choisi a. → Lis le n° 4.

Si tu as choisi b. → Lis le n° 8.

2 

Ce n'est pas le bon compte. As-tu bien repéré les adverbes, les prépositions, les conjonctions, les pronoms relatifs et les interjections ? Les mots variables sont :

les verbes (*retournons*, *est*, *manque*), les noms (*père*, *travail*) et les déterminants (*mon*, *le*).

→ Recommence l'exercice du n° 9.

3

Tu t'es trompé(e) !

Le volume du prisme.se calcule par $V = B \times h$, où h = 1 m est la hauteur du prisme et B l'aire de sa base qui est égale à la somme des aires d'un rectangle et d'un triangle.

Calculons l'aire de cette base :

$$B = 0{,}8 \times 0{,}5 + \frac{0{,}8 \times (0{,}7 - 0{,}5)}{2} = 0{,}4 + \frac{0{,}8 \times 0{,}2}{2}$$

$$= 0{,}4 + 0{,}08 = \mathbf{0{,}48\ m^2}.$$

Le volume du prisme est égal à :

$$V = B \times h$$

$$= 0{,}48 \times 1 = \mathbf{0{,}48\ m^3}.$$

→ Refais l'exercice du n° 7.

4

– Ouf ! Il était temps ! s'exclama Guillaume. Je n'ose même pas imaginer ce qui nous serait arrivé si on nous avait découverts !

– On nous aurait peut-être brûlés vifs ? Tu ne crois pas ?

Guillaume vit de nouveau dans le regard de la jeune fille la petite flamme ironique qu'il commençait à connaître. Il savait ce que cela voulait dire. Elle se moquait encore une fois de lui, en le prenant certainement pour un froussard.

– Mahaut, tout ça est très sérieux. Un homme est mort, tout près d'ici, il y a deux jours. Et si ce n'est pas un accident, des gens sont prêts à tout pour que ça ne se sache pas…

– Ce n'est pas un accident et ces gens encapuchonnés ne m'impressionnent pas. Au lieu de se faire des frayeurs inutiles, mieux vaut penser au moyen d'entrer dans la cellule de frère Thomas…

Elle se tourna vers l'horizon pour mieux réfléchir. Une éclaircie déchirait le ciel vers les îles Chausey, traversée par un vol de mouettes rieuses. Soudain, elle fit volte-face, le visage rayonnant.

– Les vêpres*, c'est bientôt non ? Notre ami Luc devra forcément s'y rendre. Et tous les autres moines avec lui… C'est le moment d'y retourner.

* Office récité à la tombée du jour, juste avant le repas.

L'impressionnante détermination de Mahaut finira-t-elle par porter ses fruits ?

Réponds à cette question et tu pourras lire la suite.
Peut-être viens-tu d'apprendre que les mouettes rient ?
Quant aux goélands,

a. ils pleurent. **b.** ils jabotent.

Si tu penses que c'est a. → Lis le n° 9.
Si tu penses que c'est b. → Lis le n° 6.

5 

Recroquevillés et enfermés comme des lapins dans leurs caisses quand on les emmène au marché, le temps que le visiteur passa dans la cellule leur sembla une éternité. Mahaut s'attendait à tout moment à ce que l'homme ouvrît les coffres et les découvrît. Elle l'entendit faire un pas ou deux. Il marmonnait quelque chose, mais c'était incompréhensible. Elle se dit que si elle soulevait très légèrement le couvercle, elle pourrait peut-être apercevoir le visiteur. Allait-elle courir ce risque ? C'était vraiment trop bête de manquer un renseignement si précieux. Elle commença donc avec une infinie lenteur à soulever la planche de bois, un rai de lumière se fit, qui s'épaissit peu à peu. Mais elle ne put voir qu'un vêtement de bure sombre, pareil à tous ceux que portent les bénédictins. C'était donc bien un moine. Mais cela, elle n'avait pas eu besoin de soulever le couvercle du coffre pour le deviner.

– Quand donc va-t-il se décider à partir ? se demanda-t-elle.

Et, comme s'il avait deviné ses pensées, l'homme quitta la cellule. Guillaume et Mahaut attendirent que ses pas aient complètement disparu dans le fond du couloir pour oser passer la tête hors de leurs coffres. Ils se regardèrent, et ne purent s'empêcher de pouffer de rire en se voyant l'un et l'autre dans une telle posture.

→ À présent, va au chapitre 6.

6

Faux. Les goélands pleurent et ce sont les pingouins qui jabotent. En effet, les pingouins sont des oiseaux, comme les manchots.

→ Tu peux maintenant lire le n° 9.

7

Guillaume la dévisagea, un peu surpris d'une telle sagesse. Puis, soudain, il s'immobilisa. Il regardait toujours dans la direction de Mahaut, mais derrière elle. Et très précisément une pierre du mur. Il s'avança lentement, tendit la main et poussa. La pierre se déchaussa légèrement et laissa apparaître des papiers, coincés par le pavé de granit. Les deux jeunes gens s'empressèrent de les extraire. C'était deux petits codex* reliés par de

* Cahiers.

la ficelle. Ils les ouvrirent. Ils étaient recouverts d'une fine écriture en langue latine. Mahaut était visiblement très émue tandis que Guillaume n'en revenait pas. Cette cachette était bien le signe que frère Thomas avait un ouvrage en cours et qu'il ne pouvait pas laisser ces écrits à la vue des autres moines. Guillaume avait appris le latin avec son père. Il était même question que, dans quelques années, on l'envoie à Paris, à l'université. Il put donc commencer à déchiffrer le précieux document, le traduisant à haute voix. Il dut s'appliquer car l'écriture, régulière, était très petite.

« Moi, Thomas de Morteseaux, dit frère Thomas, entré dans l'ordre de saint Benoît en l'an de grâce 1368, je commence ici le mémoire de mes recherches. Et ce, afin de ne pas perdre le détail de ce que j'ai pu observer et comprendre, mais je le fais secrètement, car je ne sais quel… »

Guillaume arrêta net sa lecture. Des pas résonnaient dans le couloir. Captivés par leur découverte, les jeunes gens avaient oublié le danger qu'ils couraient à rester ainsi dans la cellule d'un moine, au sein même des bâtiments d'une abbaye interdite aux séculiers, et plus encore aux femmes ! Mahaut eut la présence d'esprit de remettre la pierre descellée à sa place et Guillaume glissa les deux codex dans son haut-de-chausse, puis, ni une, ni deux, ils se cachèrent chacun dans un des coffres. Ils patientèrent, le cœur battant, en espérant que les pas se dirigeaient vers n'importe quelle cellule, mais pas celle de frère Thomas ! Malgré leurs espoirs, ce fut bien sa porte qui s'ouvrit… Guillaume retint sa respiration. Il allait se sentir mal. Non, il se sentait vraiment mal, très mal.

Qui cet importun visiteur peut-il donc bien être ?

Avant de le découvrir, résous ce problème.

Mahaut s'est cachée dans un coffre qui a un volume de 0,5 m^3 et Guillaume dans le coffre ci-dessous qui a la forme d'un prisme droit.

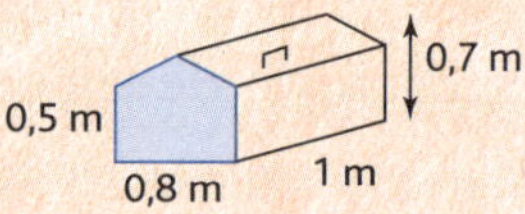

Tu peux constater que la base de ce prisme (en bleu) est constituée :

– d'un rectangle d'une longueur de 0,8 m et d'une largeur de 0,5 m ;

– d'un triangle dont la hauteur est de 0,7 – 0,5 = 0,2 m et la base de 0,8 m.

Qui a choisi le coffre ayant le plus grand volume ?

a. Mahaut **b.** Guillaume

Si tu a choisi a. → Lis le n° 5.

Si tu a choisi b. → Lis le n° 3.

mémo 19 mémo 21

8

Non ! L'eau de mer est un mélange homogène car ses constituants (eau et sel) ne peuvent pas être distingués à l'œil nu. La salinité des mers et des océans s'explique par l'accumulation progressive au cours du temps des sels minéraux (solutés) constituant les roches, qui sont dissous par l'eau de pluie (solvant).

Mais un certain volume de solvant ne peut dissoudre qu'une quantité limitée de soluté : le sel apparaît quand la dissolution ne se fait plus. Le mélange devient alors hétérogène.

→ Tu peux te rendre au n° 4.

9

– Et la serrure ? dit Guillaume. Tu oublies que la porte est fermée à clé.

– Bien sûr que je n'ai pas oublié. Mais une serrure pareille, ça s'ouvre en un tour de main avec une bonne tige de fer… Allons, ne perdons pas de temps. Si toi tu as peur des assassins qui rôdent par ici, moi, je crains surtout mon père et ses hôtes à servir le soir.

Les cloches de l'église abbatiale sonnèrent l'office vespéral*. Nos deux intrépides jeunes gens, munis d'un crochet d'ardoise de toit, reprirent le chemin du potager, puis du réfectoire et, enfin, le sombre couloir des cellules. Guillaume parvint à crocheter la porte qui

* Des vêpres.

s'ouvrit dans un grincement inquiétant… La pièce était très étroite. La fenêtre donnait sur le rocher qui, à cet endroit, ne permettait aucune construction. Le lit était soigneusement fait. À côté, se trouvait un petit bureau de bois sombre. Une corne de bœuf était fixée au bord, qui servait d'encrier. Deux grands coffres se trouvaient contre le mur, face au lit. Le tout frappait par le dénuement et l'ordre. Rien ne traînait, pas un objet quotidien, une cruche, un gobelet, ou encore un vêtement.

– Autant d'ordre me paraît suspect, dit enfin Guillaume.

– Oui, on dirait bien que quelqu'un est passé par là.

Mahaut ouvrit l'un des coffres, croyant y trouver

des effets personnels, mais il était complètement vide. L'autre présenta le même fond de bois, tout aussi vide.

– Prendre tous ces risques pour ça…

– Cherchons encore. Il doit bien y avoir un indice à glaner ici. C'est Luc qui sera surpris d'apprendre que nous n'avons trouvé ici aucun écrit, pas le moindre petit bout de parchemin alors que, d'après lui, Frère Thomas prenait tellement de notes.

– Pas même une plume…

Mahaut s'assit sur le lit, découragée.

– Tu as raison, Guillaume, nous ne faisons pas le poids. À vouloir mener une telle enquête, nous nous conduisons comme des enfants. Ah ! Retournons vite chez mon père, car ce n'est pas le travail qui manque.

Le découragement de Mahaut sonne-t-il la fin de l'équipée ?

Dans la phrase en bleu du paragraphe que tu viens de lire, repère les mots invariables (adverbes, prépositions, conjonctions et interjections).

Combien en as-tu compté ?

a. 7

b. 6

Si tu as répondu a. → Lis le n° 7.

Si tu a répondu b. → Lis le n° 2.

mémo 1

6

La résidence de l'esprit

1 

Comme un lion en cage, Guillaume tournait en rond dans sa petite chambre sous les toits. Il venait de finir la lecture des cahiers de frère Thomas. Bien évidemment, il brûlait d'en parler avec quelqu'un et, surtout, de partager toutes les questions qui se posaient à présent. Il avait définitivement renoncé à trouver le sommeil. Quand donc le jour se lèverait-il ? Mahaut se trouvait dans une chambre de l'étage inférieur. Allait-il la réveiller ? N'y tenant plus, il prit son courage à deux mains, ou plutôt à deux jambes, descendit précautionneusement l'escalier et frappa doucement à sa porte. Si elle dormait, elle n'entendrait certainement pas, et il pourrait retourner dans sa propre chambre avec le sentiment d'avoir quand même essayé. Mais curieusement la porte s'ouvrit et Mahaut apparut, en chemise de nuit, tout à fait réveillée.

– Alors ? Tu as fini de déchiffrer ? Qu'est-ce qu'il raconte ?

– Mais… tu ne dors pas ?

– Et toi ?

Guillaume entra, s'assit sur un fauteuil près de la fenêtre et put enfin exprimer tout ce qu'il remuait dans sa tête depuis qu'il avait pris connaissance de ces fameux cahiers.

– C'est pas gagné d'avance, Mahaut.

– Qu'est-ce que tu veux dire ?

– Je veux dire qu'avec ce cahier, on n'a que le commencement…

– Le commencement ? Mais explique !

– Eh bien, frère Thomas était un petit malin. Il savait que sa cachette n'était pas infaillible, et qu'on découvrirait peut-être ses codex. Il n'y a donc pas tout consigné et il renvoie le lecteur à une autre cachette.

– Mais de quoi parle-t-il de si brûlant qu'il doive le cacher ?

– Là, je dois avouer que je n'ai pas tout compris. Il parle d'astronomie, il donne une série de calculs très savants, des schémas un peu compliqués. Je crois que Luc pourra mieux nous expliquer de quoi il s'agit vraiment.

– D'astronomie ?

– C'est la science des astres. Elle permet par exemple de calculer la date de Pâques, d'établir le calendrier de l'année.

– Est-ce qu'il donne des indices sur l'autre cachette ?

– Oui, et c'est précisément ce qui m'empêche de dormir. Voici ce qu'il dit, je le sais par cœur à force de l'avoir lu et relu… « Lecteur, si tu veux vérifier avec moi la véracité de ma description du monde tel que Dieu le fit, du mouvement des astres, de la Terre, du Soleil et des planètes, alors suis-moi, juste à côté de la résidence de l'esprit. »

– La résidence de l'esprit ?

Vont-ils réussir à comprendre le sens de cette expression pour le moins obscure ?

Si tu veux le savoir, tu dois d'abord calculer la date de Pâques en 2008 grâce à la méthode suivante.

À partir du millésime (ici 2008) de l'année concernée, on calcule :

– le reste a de la division du millésime par 19 → $a = 13$;

– le reste b de la division du millésime par 4 → $b = 0$;

– le reste c de la division du millésime par 7 → $c = 6$;

– le reste d de la division de $19a + 24$ par 30 → $d = 1$;

– le reste e de la division de $2b + 4c + 6d + 5$ par 7.

À toi de le calculer ! e = …… .

- Si la somme 22 + d + e ne dépasse pas 31 (nombre de jours du mois de mars), elle désigne un jour de mars (exemple : si 22 + d + e = 29, Pâques tombe le 29 mars).
- Si la somme 22 + d + e dépasse 31, d + e – 9 (différence entre 22 + d + e et 31) désigne un jour du mois d'avril. Attention ! Si d + e – 9 = 26, remplace 26 par 19.

En 2008, quand la fête de Pâques tombe-t-elle ?

a. le 23 mars **b.** le 24 avril

Si tu as répondu a. → Lis le n° 4.
Si tu as répondu b. → Lis le n° 5.

mémo 13

2 

Frère Luc avait pu lire les codex de frère Thomas dans sa cellule, à l'heure de la prière individuelle. Il s'agissait bien d'astronomie. Le bénédictin avait observé les mouvements de la Lune, de Vénus, de Mars, de l'étoile polaire. Il les décrivait minutieusement et avait effectué des calculs de trajectoires. Puis il décrivait les mouvements de Jupiter. Là, le style calme et posé de frère Thomas changeait. Il parlait de bouleversement, de grand étonnement, d'observation admirable, propre à changer de fond en comble la science des étoiles. D'après les notes de frère Thomas, la planète Jupiter suivait un mouvement contraire à ce qui était admis jusqu'alors, conformément au système du grand astronome grec

Claude Ptolémée. En effet, à l'époque, on pensait que la Terre était au centre de l'Univers et que tous les autres astres – la Lune, le Soleil… – tournaient autour d'elle. Pour expliquer le fait que certaines planètes, à certains moments, ne tournent pas comme eux et ont l'air de « reculer » dans le ciel, on les situait sur des axes de rotation appelés « épicycles ». Frère Luc avait pris l'ouvrage de Ptolémée que possédait la bibliothèque. Il s'agissait d'une nouvelle traduction en latin, joliment recopiée et enluminée. Le jeune homme tournait les pages, à la recherche de cette fameuse suite annoncée par frère Thomas, mais aucun cahier n'avait été ajouté nulle part, aucun parchemin n'était dissimulé dans le cuir de la couverture, ni dans le dos de l'ouvrage. Pourtant, quelque chose attira son attention : à de nombreux endroits, le texte portait en marge des notes dans lesquelles le novice crut reconnaître l'écriture de son professeur. Il s'agissait parfois d'une croix, d'un trait mais, à d'autres passages, plusieurs phrases avaient été rédigées. En particulier, on pouvait distinctement lire en face des explications concernant les épicycles : NON. Suivait un schéma montrant une sphère entourée d'anneaux, Jupiter certainement, puis d'autres cercles et une autre sphère encore. Frère Thomas avait probablement fait une importante découverte sur le système des astres et des planètes, découverte qui contredisait les conclusions de Ptolémée le Grand et qui échappait encore à la compréhension du novice. Et pourquoi diable n'en donnait-il pas complètement la clé dans son codex caché ? Frère Luc était perdu dans ses méditations lorsque soudain, il sentit une présence, toute proche. Il n'eut pas le loisir de s'interroger longtemps, car frère Nicolas arriva :

– Notre frère semble s'intéresser à l'astronomie…

Luc ferma le volume qu'il avait devant lui et se retourna vers son aîné.

– Oui, c'est vrai, c'est notre regretté frère Thomas qui m'en a transmis le goût.

– Je ne vous en blâme pas, mais prenez garde, tout de même. À vouloir trop comprendre, on perd son âme… Et quel plus grand péril, n'est-ce pas, que de perdre son âme ?

Le ton de sa voix avait quelque chose de menaçant et fit frissonner Luc. Mais déjà l'émissaire de Rome avait tourné les talons, sa robe de bure brune dansant de façon inquiétante à chacun de ses pas. La douce lumière qui inondait le chartrier* s'estompa brutalement. À travers les hautes fenêtres, on pouvait voir avancer des nuages violacés.

* (du mot *charte*) Salle où sont conservés les cartulaires.

Le novice sera-t-il de taille à affronter les dangers qui rôdent autour de lui ?

Pour le découvrir, résous cette petite charade :

- Mon premier (4 lettres) commence et se termine par la même voyelle. À Paris, c'est le nom d'un pont sur la Seine proche de la tour Eiffel, baptisé ainsi en l'honneur d'une victoire sur les Russes pendant la guerre de Crimée en 1854.
- Mon second (5 lettres) est un mouvement d'une partie du corps pour faire ou exprimer quelque chose.
- Mon tout (9 lettres) est le titre du fameux ouvrage d'astronomie de Claude Ptolémée, que frère Luc a consulté dans la bibliothèque de l'abbaye.

Recopie ta réponse :

C'est ton DEUXIÈME INDICE. Note-le sur ta page-indices, p. 93. Maintenant → Tu peux lire la suite au chapitre 7.

3

Faux. Voici une aide : $93 \times 97 = 93 \times (100 - 3)$.

→ Retourne à l'exercice du n° 4.

4

« La résidence de l'esprit. » C'est ce que répéta Luc, songeur, lorsque ses amis, venus faire leur visite habituelle au potager, lui eurent fait part de leurs découvertes de la veille. Les deux mains posées sur le manche de sa fourche, frère Luc réfléchissait tout en répétant machinalement les mots de l'énigme. « La résidence de l'esprit, la résidence de l'esprit… »

Mahaut finissait de remplir son panier de betteraves et de petits choux, lorsque Luc s'exclama :

– Mais, oui, j'y suis ! La résidence de l'esprit, c'est… la bibliothèque de l'abbaye ! Là où réside tout ce que l'esprit humain a pensé depuis des siècles ! Il a certainement inséré ses propres découvertes dans un ouvrage scientifique !

– Oui, mais lequel ?

– Vous le saurez bientôt. Dès aujourd'hui, pendant mes heures d'étude, j'irai consulter les livres qu'il lisait le plus souvent. Si tu me prêtes les codex, j'aurai tôt fait de retrouver le livre en question.

Deux hautes fenêtres en ogive éclairaient les rangées de volumes et leurs beaux dos de cuir patiné par le temps. Une douce lumière venait lécher le parquet de chêne. Le silence était parfait. Frère Luc entra dans la bibliothèque, la célèbre bibliothèque de l'abbaye du Mont-Saint-Michel, si fameuse dans tout l'Occident qu'on l'appelait la « Cité des livres ». L'étage où se trouvait le jeune homme était consacré au rangement et à la conservation des manuscrits et cartulaires*.

D'un pas assuré, frère Luc se rendit directement à un endroit qu'il semblait bien connaître. Il prit un volume

* Recueil des chartes, c'est-à-dire, au Moyen Âge, des titres de propriété et des privilèges d'un monastère ou d'une église.

et l'emmena à l'étage, dans la salle de consultation. Il s'installa confortablement à une table, ouvrit le livre.

Mais de quel livre peut-il donc s'agir ?

Pour le savoir résous ce problème.
Aide le responsable de la bibliothèque à retrouver le nombre des livres qui y sont contenus. Ce nombre est égal à 93×97. Puisque $97 = 100 - 3$, à toi d'effectuer ce calcul mentalement ! Pense à utiliser la distributivité de la multiplication par rapport à la soustraction.
La bibliothèque contient :
a. 9 201 livres
b. 9 021 livres

Si tu as trouvé a. → Lis le n° 3.
Si tu as trouvé b. → Lis le n° 2.

mémo 14

5 

Tu t'es trompé(e) de date. On trouve : e = **0**. ($0 + 24 + 6 + 5 = 35$ et $35 = 7 \times 5 + \mathbf{0}$). La somme $22 + d + e = 22 + 1 + 0 = 23$ (< 31) ; le jour de Pâques est donc le 23 mars.
Depuis le concile de Nicée en 325, il est fixé au premier dimanche après la pleine lune qui a lieu, soit le jour de l'équinoxe de printemps (21 mars), soit immédiatement après (jusqu'à 29 jours après : durée d'une lunaison), donc au plus tôt le 22 mars et au plus tard le 25 avril.

→ Maintenant, tu peux aller au n° 4.

Révélation à l'aumônerie

1 

L'aumônerie, salle d'accueil des visiteurs du Mont, était pleine de monde. Les pèlerins allaient et venaient, et certains, épuisés par la route, s'étaient déjà endormis sur leur matelas de paille. Si frère Luc y avait donné rendez-vous à ses amis, c'est parce qu'elle était très fréquentée et que leur conversation pourrait facilement passer inaperçue. Il leur exposa le résultat décevant de ses recherches à la bibliothèque.

– C'est probablement que la résidence de l'esprit, ce n'est pas la bibliothèque, contrairement à ce qu'on a pensé, conclut Mahaut.

– Mais que veux-tu que ce soit d'autre ? insista Guillaume.

– Peux-tu me relire la fin du codex de Thomas ?

« Lecteur, si tu veux vérifier avec moi la véracité de ma description du monde tel que Dieu le fit, du mouvement des astres, de la Terre, du Soleil et des planètes, alors suis-moi, juste à côté de la résidence de l'esprit », récita Guillaume d'une voix un peu lasse.

– « La résidence de l'esprit », répéta Luc, découragé.

Mahaut frappa alors dans ses mains, faisant se retourner certains pèlerins, étonnés par la bonne humeur soudaine de la jeune fille.

– Écoutez bien, les amis, fit-elle plus bas. Il n'a pas dit « suis-moi dans la résidence de l'esprit », mais « à côté de la résidence de l'esprit »… À côté ! Il est donc normal que l'on n'ait rien trouvé dans la bibliothèque même : c'est à côté qu'il faut chercher.

– Mais à côté, il n'y a rien de spécial, juste un escalier qui mène au dortoir et puis au réfectoire *via* le cloître, fit remarquer Luc.

« À côté de la résidence de l'esprit… à côté de la résidence de l'esprit… », marmonna Guillaume.

– Recommençons. S'il n'y a rien de particulier à côté de la bibliothèque, c'est sans doute que la résidence de l'esprit, ce n'est pas la bibliothèque, poursuivit Mahaut.

– Oui, mais qu'est-ce que c'est ? se désespéra Luc. On tourne en rond !

– La résidence de l'esprit, c'est là où loge l'esprit, pensa tout haut Guillaume. Et où loge l'esprit ? Dans notre tête, d'après mon père. Dans notre tête…

– À côté de notre tête… Cela n'a aucun sens, se lamenta encore Luc. Voilà à présent quatre jours qu'un malfaisant a poussé frère Thomas dans le vide, qu'il mourait sous tes yeux, Guillaume… et nous n'avons rien, aucun indice pour trouver le coupable.

Les jeunes gens restèrent quelques minutes silencieux, complètement abattus. Guillaume fronçait le sourcil, semblant se livrer à une intense réflexion. Soudain, il redressa la tête, la bouche grande ouverte. Ses amis le regardèrent avec inquiétude. On aurait dit qu'il avait une vision.

– Eurêka ! J'ai trouvé ! Oui, c'est bien cela ! C'est certain ! Tout concorde !

Grâce à son inspiration subite, Guillaume détient-il enfin la clé du problème ?

Tu l'apprendras bientôt, après avoir répondu à la question suivante.
Dans la phrase en bleu du paragraphe que tu viens de lire, « le » est :

a. un déterminant
b. un pronom personnel

Si tu as choisi a. → Lis le n° 5.
Si tu as choisi b. → Lis le n° 4.

mémo 2 mémo 3

2

Non ! Il s'agit du discours direct car les paroles sont rapportées telles que Luc les a prononcées. Tu as oublié que l'utilisation du présent pour le temps des verbes et, surtout, l'emploi des tirets de dialogue sont des indices pour reconnaître le discours direct. L'utilisation du discours direct, en renforçant l'impression de réel, permet de rendre le texte plus vivant.

→ Lis maintenant le n° 3.

3

Il fut décidé que Luc resterait dans le chœur après la messe du matin, que d'ordinaire il servait. Il pourrait toujours prétexter la perte de quelque chose, ou un désir soudain de méditation dans l'église. Dès qu'il serait seul, il sonderait la dalle fermant l'autel : elle ne devait pas être scellée, puisqu'il arrivait qu'on la soulève pour en sortir la relique, exposée en procession pour les grandes occasions. Il essayerait alors de s'emparer des notes de frère Thomas. Et si le temps lui manquait, il recommencerait le lendemain. Mahaut et Guillaume l'attendraient au saut Gautier, à côté du logis de l'abbé, après avoir prétexté être venus y déposer des victuailles, par exemple. Si, après la sonnerie du quart avant dix heures, Luc n'était pas au rendez-vous pour remettre le document, ses amis iraient dans l'église constater qu'il avait dû repartir dans les bâtiments conventuels ou, éventuellement, le secourir.

Les moines commençaient à quitter l'aumônerie. Luc dut les suivre. Et ce n'est pas sans inquiétude qu'il fit un discret signe d'au revoir à ses amis.

Le plan soigneusement élaboré se déroulera-t-il comme prévu ?

Si tu veux le savoir, complète la phrase suivante en devinant le mot manquant.
Le code ci-dessous associe une lettre de ce mot à un nombre. À toi de le déchiffrer en pensant à la place des lettres dans l'alphabet.

12	5	7	5	14	4	5	→	…	…	…	…	…	…	…

« C'est parce qu'il connaissait la [...........] dorée de la fondation de l'abbaye que Guillaume a pu découvrir le secret de la cachette de frère Thomas. »

Ce mot constitue ton TROISIÈME INDICE. Note-le sur ta page-indices, p. 93. **Maintenant → Découvre la suite de l'histoire au chapitre 8.**

4 

Mahaut et Luc le pressèrent de s'expliquer.

– Mais vas-y, dis-nous !

– Vous rappelez-vous les mots que frère Thomas a prononcés peu avant de mourir : *Digitus archangeli* ?

– Oui, ils signifient le doigt de l'archange saint Michel.

– Et savez-vous à quoi ils renvoient ?

– C'est certainement une allusion à la légende de l'évêque Aubert. Il paraît que saint Michel a fait un trou dans la tête de l'évêque d'Avranches, Aubert, en le touchant de son doigt, affirma Luc.

– Ah oui ? Mais pourquoi ?

– Aubert, qui avait vu en rêve saint Michel lui demander de fonder une abbaye, n'avait pas cru à la vision. Alors, pour le persuader, le saint lui est de nouveau apparu et lui a fait ce trou dans le crâne, poursuivit Guillaume.

– D'accord, mais quel rapport ? s'impatienta Mahaut.

– Le crâne d'Aubert, avec son trou, est conservé comme relique dans l'autel de l'église abbatiale, dit Guillaume, mystérieux. Donc…

– Donc c'est cela, la résidence de l'esprit ! l'interrompit Luc qui avait enfin compris. C'est le crâne ! Et « à côté de la résidence », cela signifie que frère Thomas a sûrement caché ses cahiers dans l'autel ! C'est lumineux ! Tu es un génie, Guillaume !

Guillaume n'était pas peu fier. Pour un peu, il se serait mis à danser au milieu des pèlerins. Tout comme Mahaut, il regarda Luc avec insistance.

– Ça va, j'ai compris, c'est à moi de jouer à présent. Mais rappelez-vous que frère Nicolas me tient à l'œil. Il doit se douter de quelque chose, il m'a encore abordé bizarrement lorsque j'étais au chartrier. Je préférerais que vous soyez dans les parages lorsque je ferai la périlleuse expédition pour récupérer le document dans l'autel de l'église.

Les trois amis mirent alors au point un plan d'action. Luc ne voulait pas agir de nuit.

– Je dois vous l'avouer tout net, la nuit, j'ai peur. Déjà que la mission est très risquée, alors, de nuit…

Luc réussira-t-il à surmonter l'angoisse qui le tenaille ?

Avant de le découvrir, indique si la phrase en bleu dans le paragraphe précédent est :

a. au discours direct **b.** au discours indirect

Si tu as répondu a. → Lis le n° 3.

Si tu as répondu b. → Lis le n° 2.

mémo 12

5 

Tu t'es trompé(e). *Le*, ici, est un pronom personnel, car il est utilisé à la place de « Guillaume ». Ce pronom personnel (3e personne du singulier) occupe dans la phrase une fonction de COD. Un article défini, en revanche, ne peut jamais remplacer un nom car il doit toujours être accompagné du nom auquel il est associé. → Va lire la suite au n° 4.

Au péril de la mer

1

In sæcula sæculorum. Amen.

Le dernier mot rendit son ultime écho dans le chœur de l'église abbatiale. Tous les moines commencèrent à se lever de leurs sièges de bois pour quitter le pourtour de l'autel et se diriger vers le cloître. Luc, toujours à côté de frère Anselme qui disait la messe ce matin-là, regardait d'un air distrait la charpente vétuste de la nef. Il fit discrètement tomber un mouchoir à ses pieds. Frère Anselme s'apprêtait à repartir, lui aussi, mais attendait que le novice aille replacer le calice et la patène dans le tabernacle*. Il lui chuchota :

* *Calice* : vase servant à la consécration du vin au cours de la messe ; *patène :* plateau sur lequel est déposée l'hostie durant la messe ; *tabernacle :* petit coffre placé au milieu de l'autel, où sont conservées les hosties.

– Mais qu'attends-tu donc, frère Luc ?

– Pardonnez-moi, frère Anselme, je cherche mon mouchoir dans mes manches, je l'ai perdu, je crois.

– Je te laisse le retrouver et ranger les saintes espèces. Moi, je m'en vais au scriptorium.

Sur ce, le frère partit rejoindre ses condisciples à leurs diverses activités. Une fois refermée la lourde porte qui mène au cloître, Luc s'accroupit pour ramasser son mouchoir, tout en jetant un œil vers la porte en question, au cas où un moine distrait reviendrait… Mais il était bien seul. Il put ainsi s'approcher de l'arrière de l'autel, toujours accroupi, et atteindre la pierre rectangulaire. Il tenta alors de la pousser, mais elle ne fit pas mine de pivoter. Il gratta le joint de sable qui l'entourait et, du bout des doigts, essaya de la faire glisser vers l'avant. La tâche était plus difficile qu'il ne l'avait prévu et il s'écorcha passablement les ongles. Enfin, la dalle céda un peu et commença à s'incliner, puis amorça une chute brutale qu'il dut amortir de ses deux mains. Il parvint *in extremis* à la retenir avec son pied, évitant ainsi d'avoir les mains écrasées.

– Diable, cette pierre est terriblement lourde…

Luc n'eut guère le temps de pester davantage sur le poids de la dalle car ce qu'il aperçut à l'intérieur de l'autel le laissa sans voix. Ses yeux s'écarquillèrent.

Il y avait là le fameux crâne d'Aubert. Son trou à l'arrière, de la grosseur d'une petite pièce de monnaie, était très net. Et, à côté, se trouvaient un cahier, semblable à ceux découverts dans le mur de la cellule, ainsi qu'un objet inattendu. Il s'agissait de deux disques de verre bleu, reliés l'un à l'autre par une structure de bois. Luc sentit les larmes lui monter aux yeux. « Frère Thomas… » murmura-t-il. Il resta un moment à observer le curieux instrument. À ce moment, un bruit familier se fit entendre : la porte conduisant au cloître venait de s'ouvrir. Luc resta tapi derrière l'autel, retenant son souffle. Il devina que quelqu'un se dirigeait vers le chœur. Il était fait ! Son cœur battait à tout rompre, au point qu'il lui sembla l'entendre résonner sous les grandes arcades de pierre. Un homme fit le tour de l'autel et se planta devant lui.

– Frère Luc, je vous retrouve ! Vous profanez les reliques sacrées, à présent ?

Le novice n'osait même pas lever les yeux, tant il était paralysé par la peur.

Le pauvre Luc va-t-il pouvoir se tirer du mauvais pas dans lequel il s'est fourré ?

Tu ne le sauras que si tu choisis le dessin où les figures F et F′ sont symétriques par la symétrie centrale de centre *O*.

a.

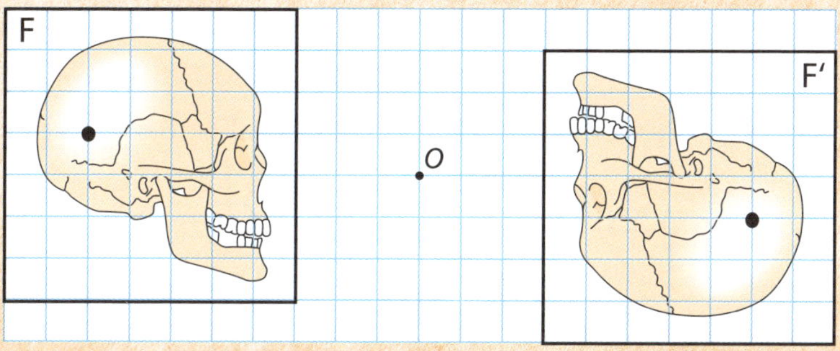

b.

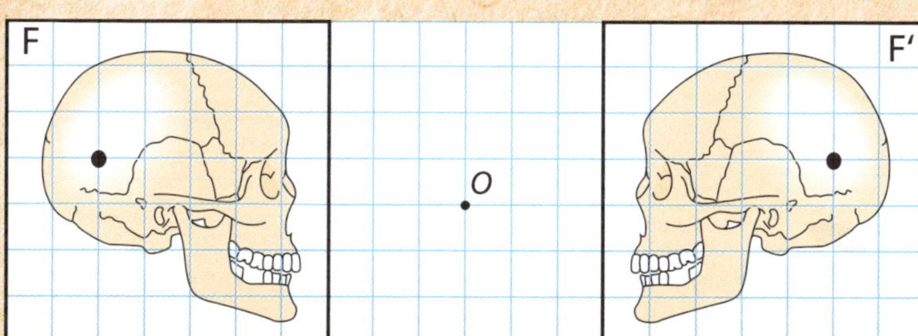

Si tu as choisi a. → Lis le n° 4.

Si tu as choisi b. → Lis le n° 5.

mémo 23

2

– Vite ! Il faut partir immédiatement si nous voulons avoir la vie sauve ! exhorta Mahaut.

Frère Luc était bouleversé de voir l'homme perdu.

– Pardonnez-nous ! Nous avons tenté de vous sauver ! Pardonnez-nous !

Mais déjà Guillaume le tirait par la manche ; il fallait fuir en espérant ne pas rencontrer d'autres sables mouvants. Ils coururent ainsi jusqu'à la grève. Frère Luc ne put s'empêcher de se retourner à plusieurs reprises. Seul le visage de frère Nicolas émergeait encore du sable. À côté, on distinguait les deux loupes que l'eau recouvrait peu à peu. Il se signa fébrilement. « Que Dieu sauve son âme ! » Une fois la terre ferme rejointe, Guillaume dit sombrement : « *Periculo maris*, au péril de la mer, ainsi désigne-t-on souvent le Mont-Saint-Michel… » Une fois de plus, l'adage s'était tristement vérifié.

→ Tu peux maintenant aller au chapitre 9.

3

Il fallait choisir la proposition *b.* car le principe de continuité postule qu'une même couche est du même âge sur toute son étendue. Par ailleurs, les fossiles conservés dans les roches sédimentaires permettent, grâce au principe de l'actualisme (des événements passés et actuels obéissent aux mêmes lois), de reconstituer les milieux de sédimentation anciens. Ainsi, la Normandie, 140 millions d'années avant la construction du Mont-Saint-Michel, baignait dans une mer chaude et peu profonde comme Tahiti de nos jours…

→ Lis la suite au n° 2.

4

– Mais que vois-je ? Voici des objets qui ne sont en rien des reliques… Tiens, tiens ! Je savais que vous me mèneriez sûrement à ce que je cherchais. Qui d'autre que le protégé de frère Thomas pouvait me conduire aux preuves ?

L'homme partit dans un grand éclat de rire, qui se propagea dans l'église en un terrible écho. Luc reconnut frère Nicolas. La peur fit alors place à la colère. C'était donc lui qui avait fait disparaître son professeur… Il se releva.

– Alors, c'est vous ! C'est vous qui avez tué frère Thomas ! Vous êtes ignoble !

– Du calme, mon garçon, les choses ne sont pas aussi simples ! Si votre cher frère Thomas s'était montré plus compréhensif, il serait encore en vie aujourd'hui… Ma mission est de veiller à ce que le dogme* soit maintenu… Vous autres, bénédictins du Mont-Saint-Michel ou d'autres contrées éloignées de Rome, vous en faites un peu trop à votre guise… Vous vous croyez tout permis ! Les pensées de frère Thomas allaient trop loin : il a osé aller à l'encontre des affirmations de l'Église. Mais il me fallait des preuves… Il a refusé de me les fournir, le pauvre homme… Il s'est même mis en colère, vous vous imaginez ? C'était un accident, un triste accident. Le malheureux a fait une chute mortelle… Je l'ai poussé ? Il fallait

* Article de foi devant être considéré comme une vérité fondamentale.

bien que je me défende… Mais trêve de bavardage. Vous êtes un petit malin… Vous m'apportez sur un plateau d'argent ce que je cherchais.

Frère Nicolas se pencha vivement, saisit le codex et l'instrument. Frère Luc s'agrippa à son bras pour les lui faire lâcher, mais frère Nicolas parvint à se dégager et s'enfuit en courant dans l'allée latérale. À cet instant, la cloche sonna. Luc courait après l'émissaire du Vatican lorsque Guillaume et Mahaut entrèrent en coup de vent dans l'église par l'aile gauche. Les deux moines prenaient la direction du parvis de l'église par l'aile droite… Ils sortirent tous les quatre et prirent l'escalier du Grand Degré. C'est ainsi que le père abbé, depuis la fenêtre de sa résidence, vit passer successivement et courant comme si leur vie en dépendait : frère Nicolas, frère Luc, une jeune fille du peuple et un jeune noble. Mais l'abbé allait recevoir le duc de Bretagne ; il avait donc pour l'heure des préoccupations plus importantes que de chercher à savoir à quoi rimait cette curieuse course poursuite.

Poursuivi et poursuivants s'engagèrent alors sur le chemin de ronde qui, au sommet des remparts, fait le tour de la fortification jusqu'au pont-levis, situé à l'entrée. Malgré sa vie très sédentaire, le frère Nicolas avait du souffle et de l'endurance. Étant parvenu à distancer ses poursuivants jusqu'à la grande porte, il cria aux gardes de fermer le pont après son passage. Mais c'était la relève de la fin de la matinée et les gardes étaient tous en train de boire des pichets au troquet de la Porte du Roy. Cela permit à nos trois jeunes gens de suivre frère Nicolas de l'autre côté des remparts. Heureusement, la mer était encore assez loin. Ils pourraient rejoindre à pied les grèves.

Leur course était à présent ralentie par le sable sur lequel ils avançaient. De temps en temps, frère Nicolas se retournait sur ses poursuivants. Son visage exprimait un mélange de volonté farouche et de férocité.

– Une fois arrivé au premier relais, je prends un cheval et je galope à l'évêché d'Avranches. Mission accomplie ! Ah ! ah ! J'ai là de quoi faire fermer l'abbaye ! Vous grillerez tous sur le bûcher ! Ah ! Ah !

Guillaume avait pris de l'avance. Il était en train de rattraper le frère.

Le noir dessein de frère Nicolas échouera-t-il ?

Pour le savoir, résous le problème suivant.

Pendant la poursuite, frère Nicolas a parcouru 3 km en 15 minutes.

Quelle a été sa vitesse sur le parcours ?

a. 11 km/h

b. 12 km/h

Si tu as trouvé a. → Lis le n° 7.
Si tu as trouvé b. → Lis le n° 6.

mémo 18

5

Tu t'es trompé(e). Tu peux constater sur le dessin *a*. qu'un point quelconque P′ de la figure F′, symétrique d'un point P de la figure F, est construit tel que *O* soit le milieu du segment [PP′]. Vérifie-le avec le trou du crâne d'Aubert ! Les figures F et F′ sont superposables par un demi-tour de centre *O*. → Recommence l'exercice du n° 1.

6

Le rivage où ils avançaient était fait de ce sable gris caractéristique de la baie. Guillaume en connaissait les dangers. Aussi, lorsqu'il vit frère Nicolas s'avancer dans une zone plus sombre, où la marée avait laissé beaucoup d'eau en se retirant, il se mit à crier :

– Attention, frère Nicolas ! N'allez pas par là !

Mais l'autre ne voulut rien entendre et continua sa course folle. Guillaume finit par le rejoindre. Il était sur le point de lui prendre le bras lorsque, soudain, se produisit un curieux phénomène. Le frère fut arrêté dans son élan : sa jambe droite s'était enfoncée dans le sable de vingt centimètres d'un seul coup. Guillaume se recula instinctivement. Le frère, affolé, se mit à remuer frénétiquement, mais plus il s'agitait, plus il s'enfonçait. Mahaut et Luc les avaient rejoints, essoufflés. Guillaume n'hésita pas un instant :

– Frère Nicolas, donnez-moi la main, vous êtes pris dans un sable mouvant.

– Non, non, c'est une ruse pour me prendre les documents, je vais m'en sortir !

– Je vous le jure, il faut nous donner la main, vous allez vous enfoncer irrémédiablement ! Et la marée arrive ! Vite, accrochez-vous à moi !

Devant les refus répétés de l'ecclésiastique, Luc et Guillaume lui prirent d'autorité les poignets, mais le frère les secoua tant et si bien qu'il finit par déséquilibrer les jeunes gens. Dans l'empoignade, le codex lui aussi tomba, que Mahaut récupéra prestement. L'homme était maintenant enfoncé dans le sable jusqu'aux épaules. À ce moment-là seulement il se mit à crier : « Au secours ! Au secours ! » Tout était allé si vite. À quelques dizaines de mètres, le front de mer avançait. La bande de sable où ils se trouvaient menaçait d'être encerclée par les eaux.

L'heure de l'expiation est-elle venue pour frère Nicolas ?

Tu le sauras après avoir répondu à cette question.
Les courants qui parcourent la baie du Mont-Saint-Michel entretiennent des bancs de sédiments très fins qui ont presque la fluidité de l'eau : les dangereux sables mouvants... Très lentement, les sédiments gorgés d'eau finissent par se tasser et se solidifier pour se transformer en roches sédimentaires disposées en couches.
On considère qu'une couche est plus ancienne que celle qui la recouvre en vertu du principe de :
a. continuité **b.** superposition
Si tu as choisi a. → Lis le n° 3.
Si tu as choisi b. → Lis le n° 2.

7

Non. Tu es allé(e) trop vite dans ton raisonnement. 15 minutes correspondent à un quart d'heure, soit 0,25 heure. La vitesse est le rapport de la distance parcourue sur la durée du parcours :

$$V = \frac{3}{0{,}25}$$

→ Recommence l'exercice du n° 4.

9

Poussière d'étoiles

1

Un mélange de châtaigner et de chêne brûlait sous le haut manteau en granit de la cheminée. Le feu était intense et répandait une chaleur réconfortante sur les personnes assises autour de l'âtre. En arrivant, on avait mangé, on avait bu du vin chaud agrémenté d'épices… Et on avait beaucoup parlé. Jehan de Vains écoutait avec effarement ce que lui racontaient son fils et les jeunes gens qui l'accompagnaient. Chacun se coupant sans cesse la parole, il leva la main pour interrompre la mêlée. Il dit de sa voix calme :

– Holà ! Que de désordre ! Laissez-moi m'y retrouver. Si l'on résume toute l'affaire, on obtient à peu près ceci. Vous me direz si je me trompe. Il y a un an, un homme est envoyé par Rome pour surveiller les activités et la vie des bénédictins de l'abbaye du Mont-Saint-Michel. Frère Thomas, moine érudit et esprit peu conventionnel, attire son attention. L'homme du pape le suit de près et commence à le soupçonner d'hérésie* en découvrant l'objet de ses recherches. Les découvertes de frère Thomas en matière d'astronomie pourraient en effet contredire les dogmes de l'Église, et l'on sait que le pape a fait brûler des malheureux pour moins que ça. Mais, pour le confondre, il a besoin d'écrits précis, de preuves. Son enquête l'amène à une confrontation directe avec frère Thomas, lequel refuse de fournir les preuves demandées. Le ton monte, on en vient aux mains, et comme on se trouve sur une terrasse en surplomb, frère Nicolas en profite pour pousser le pauvre bénédictin dans le vide.

À cet instant, frère Luc poussa un cri qu'il étouffa dans sa main. Il s'excusa. Beaucoup de peurs et d'émotions l'avaient assailli depuis ce matin, et l'évocation de la chute de son professeur le bouleversait à nouveau. Le médecin Jehan de Vains poursuivit :

– Justement, frère Luc, vous voici directement concerné. Nicolas sait que vous étiez proches. Ses soupçons pèsent sur vous, désormais. Il a fouillé avant vous la cellule de sa victime, a sans doute trouvé les codex, mais les a soigneusement laissés en place pour pou-

* Idée contraire à un dogme de l'Église.

voir suivre votre propre enquête et voir comment vous résoudriez l'énigme de « la résidence de l'esprit ». Puis il découvre que vous avez emporté les cahiers cachés. Enfin, il vous surprend en train d'ouvrir l'autel de l'église abbatiale, vous arrache le codex et s'enfuit avec ces fameuses « preuves » dont il avait besoin. Et sa triste fin, toute d'orgueil et d'irréflexion, est digne de ce que j'ai compris de son existence…

Mahaut intervint alors :

– Ce résumé est parfait, mais il manque l'essentiel…

Les trois hommes la dévisagèrent. Sans se laisser impressionner, la fille de l'aubergiste continua :

– Oui, il manque le fameux codex, qui donne la clé des recherches de frère Thomas…

Guillaume se lamenta :

– Mon Dieu, oui, on l'a laissé se perdre dans les sables de la baie… Tout est allé si vite : nos efforts pour extraire frère Nicolas des sables mouvants, la marée qui montait, nos propres vies à sauver…

– Eh non ! On ne l'a pas laissé se perdre ! annonça triomphalement Mahaut.

Et sous les yeux ébahis de la petite assistance, elle sortit le précieux document qu'elle avait coincé dans la ceinture de sa jupe. Luc et Guillaume se seraient jetés sur le codex si Jehan de Vains ne les avait devancés.

– Tsss ! C'est là affaire sérieuse, qu'il faut laisser entre les mains de personnes plus sages que les freluquets que vous êtes encore !

Quelle stupéfiante surprise attend le médecin ?

Pour le savoir, entoure le degré de comparaison de l'adjectif qualificatif « sages », en bleu dans la dernière phrase du paragraphe que tu viens de lire.

a. superlatif absolu

b. comparatif de supériorité

Si tu as entouré a. → Lis le n° 5.

Si tu as entouré b. → Lis le n° 4.

mémo 5 mémo 6

2 

Luc et Jehan de Vains se regardèrent, muets de stupeur.

– J'ai lu de récentes traductions d'Euclide, le mathématicien grec, où sont dites des choses qui auraient pu conduire à de telles conclusions… Mais là, c'est tellement évident, tellement clair ! parvint ensuite à dire Jehan de Vains.

Mahaut interrompit le savant échange :

– Bon, d'accord, la Terre n'est plus au centre de l'Univers. Ça nous fait une belle jambe… Est-ce que cette découverte va seulement aider à ce que les hommes soient moins arrogants et moins tyranniques ? Frère Thomas avait-il un avis sur le sujet ?

Guillaume prit le cahier, en lut pour lui-même la fin, puis regarda Mahaut en souriant d'un petit air entendu :

– Tu es une sacrée fille, tout de même…

– Merci du compliment, mon cher, mais que voulez-vous dire au juste ?

– Je veux dire que frère Thomas, de là où il est, a entendu ta question et y répond dans son codex. Écoutez ce qu'il écrit : « Mes conclusions si surprenantes bouleversent complètement notre vision de la Terre et de l'Univers. Mais, en soi, elles ne seraient rien si elles ne contenaient, secrètement caché, ce message que, moi, frère Thomas, je veux y lire : si la Terre, cette petite chose lancée dans le cosmos, n'est plus au centre du monde connu, l'homme qui la peuple n'est rien de plus qu'un modeste hôte dans un univers infiniment plus grand que lui. Il doit donc prendre la mesure de sa petitesse et abandonner toute idée de puissance, sentiment qui le conduira à sa perte. Car la Terre pourrait se venger de cet hôte qui se prend pour le maître. »

Méditation au coin du feu...

Quel système cosmologique, opposé au géocentrisme, prend le Soleil comme centre de référence ?

Voici le code que tu dois déchiffrer pour trouver les cinq premières lettres qui manquent du mot à trouver.

19	22	15	18	12	→	...	...	...	...	...

Il s'agit de l' .... CENTRISME.

C'est ton QUATRIÈME INDICE. N'oublie pas de le noter sur ta page-indices, p. 93.

Maintenant → Lis le n° 6.

3

Tu t'es trompé(e). Une proposition contient un verbe conjugué. → Retourne à l'exercice du n° 4.

4

Le médecin ouvrit alors avec précaution les feuillets reliés entre eux par des petites ficelles. Il lut de-ci, de-là, tourna les pages, puis s'arrêta soudain en murmurant : « Mon Dieu, c'est proprement… » mais n'acheva pas sa phrase.

Luc, Guillaume et Mahaut attendaient, sur le qui-vive, qu'il poursuive. L'homme de l'art, lui, avait refermé le cahier sur ses genoux et regardait par la fenêtre de la salle, les yeux perdus dans le vague. Il dit, mais comme pour lui-même :

– Nous ne sommes pas au centre, nous ne sommes que poussière d'étoiles…

Guillaume, inquiet, interpella son père :

– Père, père, que voulez-vous dire ? Qu'y a-t-il dans ce cahier de si extraordinaire ?

Le médecin tendit alors les papiers à Luc :

– Vous, vous pourrez sans doute mieux comprendre. Regardez ce schéma.

Luc se pencha sur la page ouverte. Le système de l'univers de Ptolémée, qu'il connaissait bien, avait été recopié et, au-dessous, se trouvait un autre schéma.

– Le Soleil, au centre des planètes ! C'est la Terre qui tourne autour du Soleil et non l'inverse ! Vous avez raison, messire, c'est incroyable ! Nous ne sommes pas au centre de l'Univers ! Nous ne sommes rien au sein de cette immensité ! Et frère Thomas en a fait la démonstration irréfutable ! Voyez donc ces mesures des mouvements de Jupiter ! Je comprends maintenant ! C'était donc à cela que servait l'instrument avec les deux loupes ! Grâce à lui, frère Thomas a pu observer que la planète entourée d'anneaux suit un autre axe de rotation, non pas autour de la Terre, comme on pourrait continuer à le croire pour la Lune et le Soleil, mais autour du Soleil, précisément ! La Terre n'est plus au centre ! La Terre n'est plus au centre !

Comment réagir face à une telle révélation ?

Avant d'apprécier cette révélation, réponds à cette dernière question : combien comptes-tu de propositions dans la phrase complexe indiquée en bleu dans le paragraphe que tu viens de lire ?

a. deux propositions **b.** trois propositions

Si tu as choisi a. → Lis le n° 3.

Si tu as choisi b. → Lis le n° 2.

mémo 7

5

Faux. Le médecin est *plus sage que* (comparatif de supériorité) Luc et Guillaume, qui ne sont encore que des freluquets (mot qui vient de *freluque*, « petite monnaie »).

→ Refais l'exercice du n° 1.

6

Le feu crépita, projeta une braise hors du foyer qui fit un trou dans le tapis de laine. Mais aucun de ceux qui étaient réunis autour de la cheminée n'y prêta attention. Tous méditaient le message de frère Thomas, et en particulier la dernière phrase : « La Terre pourrait se venger de cet hôte qui se prend pour le maître. » Elle semblait s'adresser à un avenir très éloigné de cette fin de XIVe siècle même si, à tout moment, elle pouvait aussi les concerner : la mer toute proche, source de poissons, de coquillages, qui semblait inépuisable, n'était-elle pas aussi cette force impitoyable qui recouvrait les grèves aux grandes marées ? C'est Mahaut qui rompit le silence.

– Regardez le trou dans le tapis, dit-elle soudain. Ne serait-ce pas saint Michel qui aurait fait le coup, encore une fois ? Histoire de bien nous faire rentrer tout ça dans le crâne ? Non ?

Elle éclata de rire, et sa joie gagna ses amis. Leurs éclats de voix crépitaient avec les flammes et semblaient rejoindre le ciel étoilé dont le somptueux manteau recouvrait l'auberge.

FIN

Mémo

Pour t'aider à faire tes exercices

Français

Maths

Grammaire

1 Les classes de mots

- **Nature et fonction grammaticales d'un mot**

– La **nature** (ou **classe grammaticale**) d'un mot, c'est ce qu'il est : nom, verbe, adjectif...
– La **fonction grammaticale** d'un mot, c'est le rôle qu'il joue dans la phrase : sujet, complément...

- **Les différentes classes de mots**

– Certains mots sont **variables** : les noms, les adjectifs, les verbes, les déterminants, la plupart des pronoms. Ils peuvent varier selon le genre, le nombre, la personne, le mode ou le temps (pour les verbes).
– D'autres mots sont **invariables**, ils ont toujours la même forme : les adverbes, les prépositions, les conjonctions de coordination et de subordination, les interjections et les pronoms relatifs.

2 Les pronoms personnels

- Les pronoms servent à éviter une répétition en remplaçant un nom ou un groupe nominal.

Les pronoms personnels : *je, tu, il, elle, on, nous, vous, ils, elles, me, te, le, la, les, lui, leur, en, y* désignent des personnes ou des objets. Ils indiquent qui parle, à qui l'on parle et de qui ou de quoi l'on parle.

- La forme des pronoms personnels varie selon la ou les personnes ou choses auxquelles ils font référence, et selon la fonction qu'ils occupent dans la phrase (sujet, attribut, COD, COI, COS...).

Je (Sujet) *parle à mon ami* (COI). → *Je lui* (COI) *parle.*

Remarque : *en* et *y* sont invariables.

3 Les déterminants

- On appelle déterminants les mots qui se placent devant le nom dans le groupe nominal, même s'ils peuvent en être séparés par un ou plusieurs mots.

Mon ami est arrivé, nous avons discuté dans le grand salon.

- Les principaux déterminants sont les **articles** (définis, indéfinis, partitifs) et les **déterminants** possessifs, démonstratifs, numéraux, indéfinis, interrogatifs, exclamatifs.

4 Le pluriel des adjectifs de couleur

Les adjectifs de couleur sont **invariables** :
– lorsqu'ils sont **composés ou suivis d'un complément** (*des yeux gris-bleu, des draps jaune clair*) ;
– lorsqu'ils proviennent d'un **nom** (*des robes framboise, des cheveux auburn*), à l'exception de : *écarlate, fauve, incarnat, mauve, pourpre* et *rose* qui sont **variables** (*des bottes fauves*).

5 Le comparatif

Il permet de comparer deux qualités, deux personnes, deux états.

- La forme ***plus … que*** permet d'exprimer le **comparatif de supériorité** (*Guillaume est plus grand que Luc.*).
- La forme ***moins … que*** permet d'exprimer le **comparatif d'infériorité** (*Luc est moins drôle que Guillaume.*).
- La forme ***aussi, autant … que*** permet d'exprimer le **comparatif d'égalité** (*Luc est aussi intelligent que Guillaume.*).

6 Le superlatif

- Le **superlatif relatif** permet de comparer un élément à tous les autres éléments d'un même groupe :
– *Mahaut est la moins âgée des trois amis.* → superlatif relatif d'infériorité ;
– *Mahaut est la plus courageuse des trois amis.* → superlatif relatif de supériorité.
- Le **superlatif absolu** permet d'indiquer le très haut degré d'une qualité au moyen d'un adverbe précédant l'adjectif.
  Le père de Mahaut est drôlement râleur.

7 La phrase complexe

- Une **phrase simple** contient un seul verbe conjugué. Elle équivaut à une proposition indépendante.
  Elle gravit les marches.
- Une **phrase complexe** contient plusieurs verbes conjugués. Il y a autant de propositions que de verbes conjugués.
  Elle gravit les marches, s'arrêta, puis reprit l'ascension. → 3 propositions

8 Les subordonnées complétives

Ce sont des propositions subordonnées conjonctives introduites par la conjonction de subordination ***que***, et qui peuvent avoir plusieurs fonctions (sujet, COD, attribut...).

Je vois que tu as terminé ton petit déjeuner.

9 Les subordonnées circonstancielles de cause

Ce sont des propositions subordonnées conjonctives introduites par des conjonctions de subordination telles que : ***parce que, étant donné que, comme***...

Je travaille parce que je veux réussir à l'école.

Vocabulaire, expression écrite

10 Les antonymes

Les antonymes sont des mots de **sens opposé.**

Vieux / jeune sont des antonymes.

11 Les paronymes

Les paronymes sont des mots qui **se ressemblent beaucoup**, mais qui n'ont ni la même orthographe ni la même prononciation. Ils ont des **sens différents.**

Précepteur / percepteur sont des paronymes.

12 Le style d'un dialogue

- Le **discours direct** reproduit exactement les paroles d'une personne, ce qui permet de rendre une narration plus vivante. La ponctuation du discours direct se caractérise par des guillemets, des tirets, des points d'interrogation, d'exclamation... Le temps des verbes est très souvent le présent.

  « Faites vos devoirs », dit la professeure.

- Le **discours indirect** rapporte, en les modifiant, les paroles d'une personne. Il utilise les temps du passé.

  La professeure a dit que nous devions faire nos devoirs.

Travaux numériques

13 Priorités opératoires dans un calcul

- On effectue d'abord les multiplications et les divisions :
  $72 - 6 \times 4 = 72 - 24 = 48.$
- On effectue les opérations de gauche à droite :
  $38 - 21 + 19 = 17 + 19 = 36.$
- On commence par effectuer les calculs placés entre parenthèses, en commençant par les plus intérieures :

$$\begin{aligned} 88 - [62 - (28 \times 2)] \times 7 &= 88 - (62 - 56) \times 7 = 88 - 6 \times 7 \\ &= 88 - 42 = 46. \end{aligned}$$

14 La distributivité

- Quels que soient les nombres a, b et k, on a :
  $k \times (a + b) = k \times a + k \times b.$
  $k \times (a - b) = k \times a - k \times b.$

La multiplication est distributive par rapport à l'addition et à la soustraction.

- Utilisation de la distributivité en calcul mental :
  $22 \times 11 = 22 \times (10 + 1) = 22 \times 10 + 22 \times 1 = 220 + 22 = 242.$
  $22 \times 98 = 22 \times (100 - 2) = 22 \times 100 - 22 \times 2 = 2\,200 - 44 = 2\,156.$

15 Les opérations sur les fractions

- **Addition et soustraction**

– Si les fractions ont le même dénominateur, on additionne ou on soustrait les numérateurs et on garde le dénominateur :

$$\frac{3}{7} + \frac{2}{7} = \frac{3+2}{7} = \frac{5}{7} \qquad \frac{5}{3} - \frac{4}{3} = \frac{5-4}{3} = \frac{1}{3}.$$

– Si les fractions n'ont pas le même dénominateur, il faut commencer par les réduire au même dénominateur :

$$\frac{4}{3} + \frac{7}{6} = \frac{8}{6} + \frac{7}{6} = \frac{15}{6}.$$

- **Multiplication**

On multiplie les numérateurs entre eux et les dénominateurs entre eux :

$$\frac{13}{8} \times \frac{5}{3} = \frac{13 \times 5}{8 \times 3} = \frac{65}{24}.$$

16 Les équations

Une équation à **une inconnue** est une égalité dans laquelle figure un nombre inconnu.
Résoudre l'équation revient à calculer la valeur de l'inconnue pour que l'égalité soit vraie.
La valeur obtenue est la **solution**.

$3x - 5 = 4$ est une équation à une inconnue x ;
$x = 3$ est la solution de cette équation car :
$3 \times 3 - 5 = 9 - 5 = 4$.

17 Compléter un tableau de proportionnalité à 4 nombres

On utilise l'égalité des produits « en croix ».
Pour calculer a dans le tableau de proportionnalité suivant, on écrit :
$4 \times a = 8 \times 2$
et on en déduit que $a = \frac{8 \times 2}{4} = \frac{16}{4} = 4$.

4	8
2	a

18 Calculer une vitesse

- La **vitesse** V est le coefficient de proportionnalité entre la distance parcourue D et la durée du parcours T → $V = \frac{D}{T}$

Si $D = 100$ km et $T = 2\ h$, $V = \frac{100}{2} = 50$ km/h.

- Dans un mouvement **uniforme**, la vitesse est **constante** sur l'ensemble du parcours.
- Même si les distances parcourues sont égales, la **vitesse moyenne** n'est égale à la **moyenne des vitesses** que si les durées de parcours sont égales.

Travaux géométriques

19 L'aire du triangle

$$A = \frac{b \times h}{2}$$

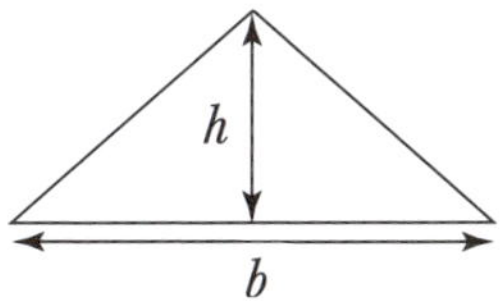

b = base
h = hauteur

20 L'aire du disque

$A = \pi \times r^2$
r = rayon

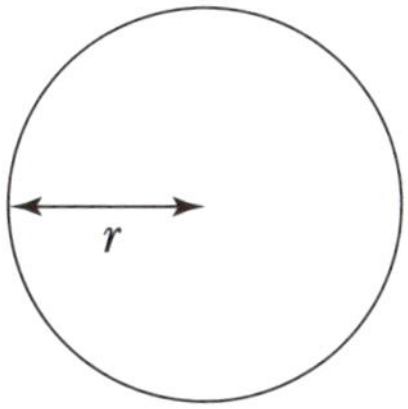

21 Le volume du prisme droit

Le volume d'un prisme droit se calcule par :

$$V = B \times h$$

où B est l'aire de la base et h la hauteur du prisme.
Les 2 bases d'un prisme droit sont des polygones (triangles, quadrilatères...).

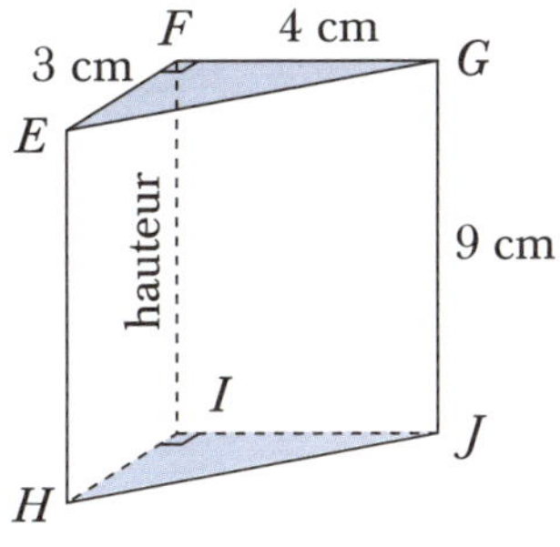

EFG et HIJ sont des triangles rectangles,

l'aire de la base $B = \frac{3 \times 4}{2} = 6 \text{ cm}^2$.

Le volume $V = B \times h = 6 \times 9 = 54 \text{ cm}^3$.

22 Le volume du cylindre

Le volume d'un cylindre de rayon r et de hauteur h se calcule par :

$$V = \pi \times r^2 \times h = B \times h$$

où B est l'aire de la base (un disque de rayon r).

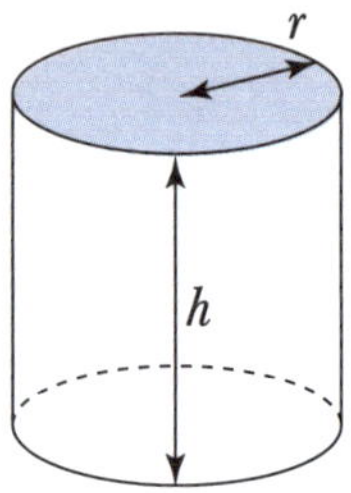

Avec $r = 4$ cm et $h = 8$ cm, $B = \pi \times 4 \times 4 = 16\,\pi \approx 50{,}27$ cm^2
Donc $V = 16\,\pi \times 8 = 128\,\pi \approx 402{,}12$ cm^3.

23 La symétrie centrale

- **Symétrique d'un point**

Construire le point symétrique d'un point P par rapport au point O, c'est construire le point P' tel que O soit le milieu du segment $[PP']$.

- **Figure symétrique d'une figure**

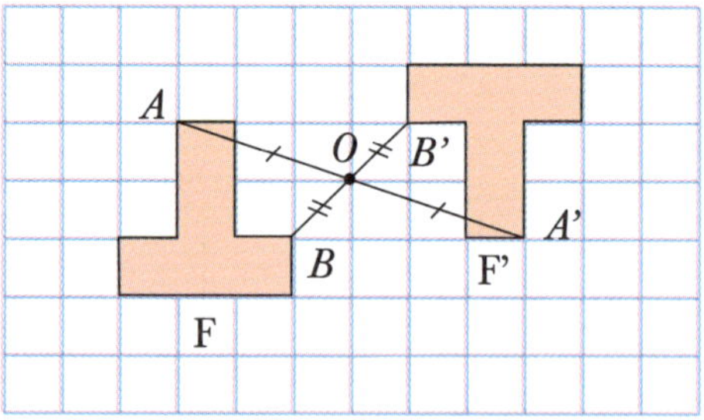

On obtient la figure F′ symétrique de la figure F en faisant tourner la figure F de 180° (un demi-tour) autour du point O.

Page-indices

Chute mortelle au Mont-Saint-Michel

de la 5e à la 4e

Note ci-dessous les indices que tu as trouvés
au cours de ta lecture.

Va vite te connecter sur le site
www.lenigme.com
pour nous envoyer tes indices,
et tu pourras télécharger plein de cadeaux !

INDICE 1 ....

INDICE 2 ....

INDICE 3 ....

INDICE 4 ....

Bravo ! Tu as trouvé tous les indices !

Table des matières

IMPRIM'VERT

N° d'éditeur 10219882 – LASERGRAPHIE – Février 2016
Imprimé en Italie par BONA

L'ÉNIGME DES VACANCES

Choisis ton univers !

Historique · FANTASTIQUE · Policier · Aventure · FRISSON · Princesse · Sciences

du CP au CE1

- Le voleur invisible
- Sophia, princesse de la mer 🎧
- Le mystère de la source 🎧
- Disparition au pays des poneys 🎧

du CE1 au CE2

- La peur au bout de la laisse
- Mystère au cirque Alzared
- Attention ! Dauphins en danger
- Pas si désert que ça !
- Menace sur Madagascar
- Pirates en péril ! 🎧
- L'attaque des monstres animaux SCOOBY-DOO!

du CE2 au CM1

- Le labyrinthe des dragons
- Les fantômes de Glamorgan
- La plage du Prince Blanc
- Le phare de la peur
- Montagne explosive !
- Menaces sur la finale de foot
- Planète dinosaures
- La menace des fantômes SCOOBY-DOO!

du CM1 au CM2

- Le voleur de papyrus iPhone iPad
- Le secret de la jungle
- Le sortilège des loups-garous
- Parfum de vacances
- La carrière interdite
- Feu mystérieux en Australie
- Musiques diaboliques SCOOBY-DOO!
- Drôles d'époques ! 7 HISTOIRES

du CE2 au CM2

Les Mystérieuses Cités d'or

LES MYSTÉRIEUSES CITÉS D'OR

- T.1 Le secret du tambour sacré
- T.2 À la poursuite du Dragon Jaune
- T.3 Le ventre de Bouddha
- T.4 La révélation

du CM2 à la 6e

- Le trésor des Templiers
- Panique à la Pop Academy
- La forêt de l'épouvante
- À la recherche de la cité perdue iPhone iPad
- Eaux troubles à Venise
- Drôles de familles ! 7 HISTOIRES

de la 6e à la 5e

- Le secret du Titanic iPhone iPad
- Drôle de trafic
- Complot chez les cordons-bleus
- The Refuge in Danger 🎧 (en anglais)

de la 5e à la 4e

- Operation Blue Lagoon 🎧 (en anglais)
- Chute mortelle au Mont-Saint-Michel iPhone iPad
- The Captain is Missing! 🎧 (en anglais)
- Le souffle de l'ange

de la 4e à la 3e

- Murder in West Park 🎧 (en anglais)
- The Mark of the Vampire 🎧 (en anglais) iPhone iPad

🎧 Histoire à podcaster sur le site www.lenigme.com

iPhone iPad Existe en applications pour iPhone et iPad. Disponible sur App Store.